I0704496

Alberto VENTUNO

IRANISTAN

La Malédiction d'un Empire

« Les marxistes-islamiques veulent transformer l'Iran en "Iranistan"... nous devons être conscients du fait qu'un changement politique en Iran modifierait la face du monde... »
La conférence de presse du Chah d'Iran le 17 août 1978 à Téhéran

« Sous la cendre couve la flamme. »
Proverbe iranien

Avant-propos

Les bouleversements radicaux des dernières décennies, ainsi qu'une mondialisation accrue, s'envolant sur les ailes du libéralisme économique et politique, ont profondément modifiées rapports internationaux. Aucun pays ne sera épargné par ces changements importants du paysage géopolitique, géoéconomique et social du monde. L'Iran, situé au cœur du Moyen-Orient, sera également touché par ces bouleversements et ses défis et ses enjeux au XXIe siècle seront nombreux.

L'affolement actuel du monde relève de la confluence de plusieurs tendances, à savoir : une globalisation accrue, les technologies disruptives, l'affaiblissement des démocraties libérales, l'effondrement écologique, la pression démographique et migratoire, l'unilatéralisme des États-Unis, fragmentation de l'Europe, les guerres et les sanctions économiques et le retour de la Russie. Tout cela a conduit à une transformation inédite des rapports de force internationaux, et la rupture et la fragilisation des alliances.

En raison de sa position géographique et de ses richesses énergétiques, l'Iran a une importance stratégique pour l'Occident. Situé entre les deux principaux centres d'approvisionnement de l'énergie mondiale (la mer caspienne et le Golfe persique), et possédant d'énormes gisements de pétrole et de gaz, l'Iran est un acteur majeur du Moyen-Orient. Avec une population de plus de 84 millions d'habitants et un produit brut intérieur de 192 MDS USD, c'est le troisième pays le plus peuplé et la deuxièmes plus grande économie dans la région et la dix-septième économie du monde en 2022 malgré les sanctions, selon le Fonds monétaire international.

L'Iran semble d'être figé dans une longue période d'incertitude et d'instabilité politique et économique, marquée par la guerre destructrice contre l'Irak (1980-1988), la lutte postrévolutionnaire interne, l'isolement international, et la tentative ratée des réformes politiques, sous la présidence de Mr. Khatami, vers la fin des années 1990s.

Sur le plan intérieur, l'Iran entre dans le nouveau siècle avec un débat difficile sur le progrès dans les domaines des réformes économiques, politiques et institutionnelles basées sur une plus grande participation de la société civile, de la promotion de la transparence et de l'autorité de la loi.

Sur le pan des relations internationales, après la tentative ratée du « *dialogues des civilisations* » lancé par président *Khatami*, l'Iran reste isolé plus que jamais, principalement en raison de ses relations tendues avec les Etats-Unis. L'importance de l'Iran devient plus claire, lorsque l'on se rend compte de l'instabilité et de l'insécurité qui règnent au Moyen-Orient, à la suite de la révolution iranienne de 1979. Sans une participation active d'un Iran libre et démocratique dans le processus de paix, tous les efforts, pour amener la paix et la stabilité au Moyen-Orient demeureront vains.

Cet ouvrage, tente à identifier et analyser les défis de l'Iran au XXIe siècle. Compte tenu du nombre et de la complexité de ces derniers, l'accent sera mis sur les dimensions socio-politiques, socio-économiques et géopolitiques.

Les Caractéristiques Générales

Placé au sud-ouest de l'Asie et faisant partie du Moyen-Orient, l'Iran s'étend sur *1 648 195 km2 (18e rang mondial)* entre la mer Caspienne au nord, et le Golfe Persique au sud. Le pays est un plateau dont le quart est désertique, encadré sur trois côtés par des massifs montagneux.

L'Iran dispose d'une frontière totale de *8731 km*, dont *2700 km* maritimes, et il partage ses *6031 km* de frontières terrestres avec neuf pays, à savoir : l'Irak, la Turquie, le Turkménistan, l'Azerbaïdjan, l'Arménie, l'Afghanistan, et le Pakistan.

Quant à ses richesses naturelles, l'Iran possède 9,5% des ressources mondiales connues du pétrole et les deuxièmes plus grands gisements gaziers du monde (17%). En dehors des hydrocarbures, le pays dispose également du premier gisement mondial de zinc, du deuxième plus grand gisement mondial de cuivre, et d'autres gisements importants tel que : *magnésium, uranium, chrome, cuivre, minerai de fer, plomb, manganèse, , soufre, charbon et gypse.*

Démographiquement, l'Iran est un jeune pays avec une population de 84 millions dont presque 60% ont moins de 24 ans. La population active (ayant 10 ans ou plus) est d'environ 25 millions dont 10% sont sans emploi. A cela s'ajoutent une densité de population de 39 habitants au km2, un taux d'urbanisme de 73%, et un taux d'alphabétisation de 80%.

L'Iran représente une mosaïque de diversité ethnique et religieuse qui doivent être recherché dans son histoire. Les ethnies présentes en Iran sont, les Perses (59%), les Azéris (24%), les Kurdes (7%), les Arabes (3%), les Baloutchis (2%), les Lores (2%) et les Turkmènes (2%).

Religieusement le pays représente plusieurs confessions comme l'Islam *(Chiisme (89%) et Sunnisme (9%))*, le Christianisme, le Judaïsme, et le Zoroastrisme. A cela s'ajoute le Bahaïsme, un mouvement post-chiite, banni après la révolution de 1979. Malgré une représentation symbolique au parlement, les chiites ont le monopole politique et administratif dans le pays.

Depuis 1979, l'Iran est une république islamique, où toutes les institutions et les activités du pays sont fondées sur les principes du Coran. A la tête du pays se trouve « *le Guide Suprême* », à savoir un Ayatollah élu par *le Conseil des Experts*. Sous sa responsabilité, le pouvoir exécutif est détenu par le Président de la République, chef du gouvernement, qui dispose d'un cabinet des ministres.

Le pouvoir législatif appartient à n Parlement de 290 députées élus au suffrage universel, supervisé par le *Conseil des Gardiens de la Constitution* qui approuve ou s'oppose aux résolutions du parlement. Il existe également un *Conseil de Discernement*, composé des chefs des trois pouvoirs, des 6 clercs du Conseil des Gardiens et de 25 membres désignés par *le Guide Suprême* pour 5 ans. Le Conseil de Discernement est chargé de ratifier, juger indispensables, et dorénavant, d'assister le Guide Suprême dans la gestion du pays.

La particularité du régime iranien est la division ambiguë du pouvoir, dans la mesure où il y a des organes parallèles dans les trois principaux pouvoirs. Il y a deux forces armées (l'armée régulière et les Corps révolutionnaires), au parlement il y a ainsi un Conseil des Gardiens de la Constitution qui surveille le parlement, et dans le pouvoir judiciaire il y a des cours normales et des cours révolutionnaires.

L'économie iranienne est fondée sur la production et l'exportation des hydrocarbures. Malgré les efforts des gouvernements successifs pour promouvoir le secteur agricole et l'industrie légère, afin de réduire la dépendance de l'économie vis-à-vis du pétrole, ce dernier fournit à l'état la moitié de ses revenus et 80% des recettes d'exportation. L'autre caractéristique de l'économie iranienne est le poids lourd du secteur public qui compte environ 80% de l'activité économique.

Le secteur agricole frappé par l'exode rural durant le dernier demi-siècle, et durement touché par la sécheresse, ne constitue pas le secteur le plus important de l'économie. Il s'agit des cultures basiques, comme le blé, l'orge et le sucre.

Le secteur industriel, est spécialisé dans la chimie, la pétrochimie, l'acier, le textile, la fabrication de voiture, l'équipement électrique et électronique, la préparation des aliments etc. Il y a aussi les industries traditionnelles qui produisent des tapis et des poteries.

Durement touché par les sanctions occidentales, l'Iran a développé de nouvelles relations avec les anciennes républiques soviétiques de l'Asie centrale, ainsi que la Russie et la Chine. Cependant, cela n'a guère compensé les effets du boycott commercial occidental.

Dans le même registre, l'Iran a établi trois zones franches officielles, sur les îles de Kish et Qeshm dans le Golfe Persique et à Chabahar, port sur l'océan Indien à la frontière du Pakistan. La réglementation générale des importations est appliquée aux exportations de marchandises depuis les zones franches sur le territoire iranien. Les projets industriels bénéficient de 15 ans d'exemption d'impôts dans les zones franches. Les investissements étrangers sont autorisés sans limite.

Les Défis Socio-Politiques

Le principal défi de l'Iran, dans les années à venir, sera l'établissement de la démocratie, sans laquelle n'importe quel espoir de développement et de prospérité serait condamné. Partant de l'hypothèse, que la démocratie et un système laïque sont les meilleurs garants de stabilité politique et sociale d'un pays, nous allons porter un regard sur l'histoire du pays, puis sur l'Iran d'aujourd'hui, afin d'identifier ce qui lui reste à faire pour relever ce défi.

D'abord, il est à noter que *l'Iran n'a jamais été une démocratie* et pendant des siècles le pays a été gouverné par des empereurs dans le cadre d'un état fortement centralisé. Beaucoup d'intellectuels iraniens et étrangers ont essayé de trouver les raisons expliquant le déficit de démocratie dans la société iranienne. Les facteurs comme sa position géographique[1] et ses particularités culturelles et religieuses, nous permettent de souligner un parcours historique différent de celui des pays occidentaux, à savoir l'esclavage, le féodalisme, la bourgeoisie et le capitalisme industriel. Ainsi, la société iranienne n'a jamais été entièrement féodale et la version iranienne du féodalisme avait ses propres particularités. En ce qui concerne le capitalisme industriel, celui-ci n'a jamais eu l'occasion de se développer entièrement en Iran et le capitalisme iranien, établi pendant le dernier demi-siècle a eu un caractère commercial.

Selon Karl Marx, l'histoire de l'humanité peut être divisée en deux périodes distinctes : l'ère préindustrielle et l'ère industrielle. Cette division légitime démontre l'importance de l'industrialisation et du capitalisme industriel, pour la création de la société civile et la démocratie en Occident.
Partant de cette hypothèse, nous allons essayer de trouver les raisons du non-développement du capitalise industriel en Iran, ce qui a conduit au manque chronique des institutions démocratiques dans le pays.

Le point de départ de cette discussion sera un regard porté sur la Renaissance en Europe et l'importance de cette dernière pour les avancées importantes de l'Occident dans

---

[1] Situé entre l'Europe et l'Asie, l'Iran s'est toujours trouvé sur les routes de grandes invasions asiatiques.

tous les domaines. Ensuite nous allons identifier les obstacles de l'industrialisation en Iran.

La Renaissance était le début de la gloire de l'Europe et elle a abouti aux changements profonds dans les sociétés occidentales. Voici certains d'entre eux :

- L'homme devenait le centre de l'univers et se considérait comme responsable de son destin ;
- Une croyance renforcée dans la science, le rationalisme, la liberté, le progrès et le développement ;
- Les rapports féodaux s'étaient transformés en le rapport travail-capital ;
- La production pour consommation fut remplacée par la production pour la vente ;
- L'accumulation de richesse fut remplacée par l'accumulation du capital ;
- Le rapport marchandise-argent-marchandise s'était métamorphosé en argent-marchandise-argent ;
- Création d'une nouvelle source de capital provenant de « la valeur ajoutée » ;
- Remplacement des classes féodales et marchandes par les classes capitalistes ;
- La transformation des serfs en prolétaires ;
- La famille étendue cédait à la famille nucléaire ;

- L'émergence de la bureaucratie et de nouvelles formes d'organisations ;
- La cessation de l'état féodal et la naissance de la société civile, dans laquelle, la sphère privée de la société fut séparée de la sphère publique et des concepts, comme les droits de l'individu virent le jour ;
- L'individu devenait le maître de son travail, de sa richesse, de son capital et de sa pensé, autrement dit la propriété basée sur la tradition et la famille furent remplacée par la propriété privée individuelle ;
- L'homme spirituel et fataliste se transformait en être laïque et égocentrique à la recherche d'égalité des droits ;
- L'idéologie féodale cédait à l'idéologie capitaliste

Ces changements, radicaux des valeurs en Occident ont abouti à des avancés importantes dans les domaines de la science, de la technologie et du social. Le capitalisme industriel et l'émergence d'une *classe moyenne* créaient les conditions pour la démocratisation des sociétés occidentales.

Après d'avoir identifié les facteurs menant à l'émancipation de l'Occident, il conviendrait d'identifier les raisons qui ont empêché une telle évolution sociale en Iran, autrement dit, les obstacles principaux de l'industrialisation en Iran. Ces derniers se divisent en deux catégories : les obstacles sociaux et psychologiques.

Les Obstacles Sociaux

Les facteurs sociaux empêchant de la croissance du capitalisme industriel en Iran, à leur tour peuvent être divisés en deux raisons principales, à savoir *le manque d'une classe sociale indépendante du pouvoir central* ainsi que *manque chronique de stabilité et de sécurité.*

Depuis la formation des premières communautés primitives jusqu'au XXe siècle en Iran, les éléments principaux de la société avaient été *les systèmes ruraux, tribaux* et *urbains,* en interaction. Les systèmes tribaux et urbains luttaient toujours pour la dominance sur le système rural, qui était toujours soumis et passif. En tant que siège du système urbain, la Ville était toujours le centre du pouvoir politique, puisque c'était là que l'Etat régnait sur la population rurale et en échange d'impôts, les protégeait contre l'invasion des tribus.

Le pouvoir politique, placé dans la ville, lui aussi était sous la menace constante d'invasion par les tribus qui voulaient prendre le pouvoir politique, ce qui leur auraient donné le pouvoir économique. Des changements des dynasties iraniennes pendant des siècles étaient le résultat de ces prises du pouvoir cycliques par l'une de ces tribus.

Quelques soi la tribu qui prenait le pouvoir, le résultat était *la perpétuation du système despotique de gouvernance.*

Une autre conséquence, de la concentration du pouvoir dans la capitale fut que les féodaux n'avaient aucune indépendance ni aucun droit légal, et ils étaient obligés de se soumettre à l'autorité absolue de l'état (le roi).

En Occident au contraire, les choses étaient différentes et même à Rome, par exemple, chaque métropole était indépendante et prenait ses propres décisions économiques et juridiques sans aucune intervention de la part du pouvoir central. Le cas était le même en Angleterre où *les Lords* jouissaient de l'indépendance économique, sociale et légale.

Le caractère despotique de la société en Iran, dit de monopolisation du pouvoir politique et économique par l'état avec le roi despotique à sa tête, ne permettait la croissance d'aucune force ou classe sociale indépendante, assez fort pour le contredire.

L'islamisation de la société iranienne n'a guère changé les choses et le fond restait intact. La ville islamique consistait en trois éléments principaux : *Arg* (citadelle) le siège du corps bureaucratique, *Masjed-e-jameh* (mosquée centrale) le siège du clergé et le *Bazar* le siège du marché composant des marchands, artisans et commerçants, avec les grands marchands au sommet de la pyramide.

Ces derniers *(les grands marchands)* jouissaient des relations financières croisées avec l'état et encourageaient l'état à s'engager dans les activités commerciales. L'intérêt commun du gouvernement central et des marchands, produisait les conditions sous lesquelles ces derniers en satisfaisaient une partie des besoins financiers de l'état, jouissaient de l'appui de l'état. Cette dépendance des marchands envers de l'état a empêché la formation d'une classe marchande indépendante et autonome. Il est à noter que la structure centralisée du pouvoir ne se limitait pas aux marchands, et même les dirigeants de chaque province *(nommé par les rois)* dépendaient complètement du gouvernement central et n'avaient aucune liberté ou indépendance.

Il va de soi que cette structure du pouvoir ne permettait pas le développement d'un système démocratique, ni la citoyenneté dans le sens occidental du terme.

La concentration du pouvoir politique dans la capitale, la règne autoritaire et despotique de l'état, dit roi, sur les citoyens, empêchaient également le développement des communautés urbains unifiées avec les organisations autonomes. En conséquent, en absence des organisations politiques et économiques indépendantes, d'autres formations sociales comme des institutions familiales et tribales remplaçaient celles-ci.

Le manque d'une classe économique indépendante dans la société iranienne se manifestait également dans les décisions économiques prises par les marchands. En Occident, les marchands étant indépendants, après avoir accumulé de la richesse, investissaient celle-ci sous forme de capital dans la création d'usines et de production industrielle.

De cette façon plus en plus de capital fut accumulé, ce qui donnait un énorme pouvoir économique aux capitalistes industriels. Après s'être établis en tant que classe sociale et après avoir pris le pouvoir économique, ces capitalistes industriels cherchaient le pouvoir politique et ainsi atteindraient cet objectif. Autrement dit, la bourgeoisie a acquis directement le pouvoir économique et indirectement le pouvoir politique.

En Iran, cependant, même après l'accumulation d'une grande richesse, dans la recherche de plus d'autorité, les marchands achetaient la terre. Autrement dit, malgré le potentiel pour se transformer en capitaliste industriel, ils agissaient régressivement et s'impliquaient dans les relations productives féodales. Mais pourquoi ont-ils agi ainsi ?

Cela nous amène au deuxième obstacle social de l'industrialisation en Iran, à savoir *le manque de stabilité et de sécurité* qui sont les principaux prérequis aux investissements industriels.

Les sources principales d'instabilité et l'insécurité en Iran étaient l'incapacité de l'état à établir la sécurité, et les tribus nomades qui régulièrement pillaient les caravanes, en le considérant leur droit légitime.

Quant à l'état, il n'a pas seulement mal rempli sa fonction de base qui était l'établissement de la sécurité, mais aussi indirectement contribué à l'instabilité et l'insécurité. Voici en quelques exemples :

- Les confiscations de la propriété des grands marchands par l'état ;
- Confiscation d'une grande partie de la propriété du décédé, avec parfois la participation des clergés ;
- Le refus des hautes autorités de rembourser les prêts qu'elles avaient contracté auprès des marchands ;
- Le refus de payer le prix des marchandises achetés chez des marchands ;
- Le pillage des caravanes et des bazars commis par les princes et les militaires ;
- Chantage des marchands de différentes façons
- La répression des marchands dans le cas où ils résisteraient contre l'autorité dictatoriale et les

punitions humiliantes comme la torture, l'emprisonnement ou l'exil ;

Les Obstacles Psychologiques

Il y a une interaction entre la psychologie collective d'une société et la structure sociale de celle-ci. Autrement dit, l'orientation psychologique d'une société joue un rôle important dans le développement et vice-versa.

En Iran, le système psychologique s'est développé sous l'influence d'un *système social despotique*. Par conséquent, la mentalité collective de la société iranienne a été imprégnée par ce despotisme. L'aboutissement de cette structure despotique de l'esprit, a été une société avec des individus *conformistes*, *fatalistes et soumis*, qui acceptent les coutumes et les cultes sans aucunes critiques.

Une autre conséquence de cette mentalité collective du peuple iranien, fut qu'elle le rendait soupçonneux à n'importe quel changement ou réforme sociale de la vie collective. Et en fin de compte, l'idée de progrès ne trouvait jamais une opportunité de se manifester.

Sans aucun doute, les conditions difficiles de la vie en Iran, pendant des siècles, ont affecté les esprits et le comportement du peuple iranien et leurs ont fait adopter une attitude passive et désespérée. Par exemple, le désordre économique et social était interprété comme une fatalité. Il est évident que les expressions comme « *la terre ne soit pas le bon endroit pour vivre* » supprimeraient toute aspiration pour penser et produire et empêchaient la créativité.

En bref, les ingrédients mentaux nécessaires pour la création de la richesse, à savoir l'envie de s'enrichir, l'espoir d'un meilleur avenir, et la créativité n'étaient jamais présente dans les esprits iraniens.

La Renaissance Politique de l'Iran

Les développements politiques de l'Iran au XXe siècle peuvent être divisés en cinq périodes distincts :

1. La période constitutionnelle 1906-1921
2. La règne de Reza Khan 1921-1941
3. L'interrègne Pahlavi 1941-1953
4. La règne de Mohammad Reza Chah 1953-1979
5. La Révolution Islamique et la république 1979 au présent

La *révolution constitutionnelle de 1906*, a marqué la renaissance de la vie politique iranienne, où pour la première fois dans l'histoire du pays, le roi cédait aux demandes populaires, et acceptait (au moins sur le papier) la réforme de la monarchie. Ainsi, *la monarchie absolue* fut remplacée par une *monarchie constitutionnelle*, à savoir une délégation du pouvoir, par le roi au parlement.

L'influence étrangère jouait également un rôle important dans le mouvement constitutionnel et les intellectuels iraniens, fascinés par les progrès scientifiques et politiques de l'Europe, tenaient de suivre le modèle européen du développement.

Le caractère populiste de ce mouvement fit qu'il était composé de toutes les sphères politiques du pays, y compris les clergés. Dès le début, ces derniers, étant méfiants de l'influence occidentale, essayaient en vain, de remplacer la monarchie par *la théocratie*. Cela déstabilisa gravement le pays et le conduisit au coup d'état de *Reza Khan* en 1920, puis l'installation d'un *état laïque et autocrate*.

Fasciné par *Moustafa Kemal Pasha (Atatürk)* en Turquie, Reza Khan essayait de moderniser et industrialiser le pays. Malgré le manque de libertés politiques, la dictature du Reza Khan a tout de même réussi à établir l'ordre et la sécurité dans le pays et a été l'initiateur de la libération des femmes iraniennes. Cependant, son alliance prétendue avec les Allemands lui coûta cher, et en 1941, fut obligé d'abdiquer en faveur de son fils Mohammad-Reza Pahlavi, le deuxième et le dernier roi de la dynastie des Pahlavis.

Le jeune Chah, au départ, permit les libertés politiques, qui conduisit à la victoire du *Mohammad Mossadegh*, le premier ministre populiste, qui en 1951 nationalisa l'industrie pétrolière iranienne. Cela mit les Britanniques *(qui jusqu'à là dominaient l'industrie pétrolière iranienne)* en colère et déclencha les sanctions économiques sur l'Iran. La faiblesse du gouvernement de Mossadegh et la montée de l'influence du parti communiste iranien, fit qu'en 1953, Mossadegh fut renversé par un coup d'état par C.I.A. et les services secrets britanniques.

Le *Chah* qui s'était enfui du pays, fut rétabli au pouvoir par les organisateurs du coup d'état. Parmi ses premières obligations vis-à-vis des Américains et des Britanniques, il eût à régler l'affaire pétrolière. Immédiatement, un consortium de compagnies pétrolières reprenait l'industrie pétrolière nationalisée de l'Iran. Cette fois, la société pétrolière britannique BP obtenait seulement 40 pour cent des actions et pour la première fois, les compagnies pétrolières américaines obtenaient 40 pour cent. Le reste fut divisé entre Royal Dutch/Shell et le CFP de la France.

Après avoir consolidé sa base du pouvoir, le Chah d'Iran continua une politique laïque, mais comme son père, ne toléra aucune critique et régna d'une façon autoritaire. Il suivit des stratégies de développement dictés par Washington, ce qui provoqua l'opposition des conservateurs, comme *Ayatollah Khomeiny* et les émeutes de 1963.

Ayatollah Khomeini fut banni en Turquie et plus trad en Irak, mais rentra victorieux 26 ans plus tard. La *révolution islamique de 1979,* marque la victoire des forces traditionnelles et conservatrices, pour la première fois depuis la Révolution Constitutionnelle de 1906.

Les premières années qui suivaient la révolution furent marquées par la lutte interne pour le pouvoir entre les différentes factions (qui avaient contribuait à la chute du Chah) et la guerre destructrice conte l'Irak (1980-1988).

Après la fin de la guerre (cessez-le-feu) contre l'Irak en 1988, une nouvelle phase de la vie politique de l'Iran commença. Au départ, il s'agissait plutôt de la reconstruction économique du pays, mais lentement les demandes populaires, pour plus de liberté se manifestaient.

La culmination de ce processus fut l'arrivé au pouvoir d'un réformateur, à savoir président Khatami en 1997.

Le Mouvement de Réforme

Beaucoup a été dit et écrit sur le mouvement de réforme en Iran, qui se résume en gros en deux point de vue contradictoire. Il y en a ceux qui voient ce mouvement comme l'aboutissement des changements démographiques et économiques de la société iranienne, et ceux qui le considèrent *un projet politique mis en scène* afin de sauver le régime islamique. Selon ce dernier point de vue, le projet de réforme aurait été amorcé au sein du *Centre d'études Stratégiques à Téhéran*, en vue de faire face aux changements géopolitiques sur la scène internationale.

Il s'agissait d'une gamme des réformes modérés, visant à contenir le mécontentement public de la situation sociale et économique du pays. Cependant, il paraît que ce projet a reçu un accueil froid par le président de l'époque (*Rafsandjani*), qui préférait *le modèle chinois*, selon lequel les réformes économiques étaient préférables aux réformes politiques.

Ce dernier craignait que les réformes politiques puissent nuire à ses propres réformes économiques et amener une instabilité dans le pays.

Afin de mieux comprendre ce phénomène, il conviendrait de regarder de plus près l'ère postrévolutionnaire du pays qui se diviserait en trois périodes : 1979-1988, 1988-1997 et 1997 au présent.

La période 1979-1988 fut marquée par la lutte interne pour le pouvoir et n'a pas laissé aucune chance pour établir la démocratie. Néanmoins, même dans les premiers jours de la révolution, les personnalités modérées ont été préféré aux extrémistes, ce qui fut le cas pour *l'Ayatollah Talequani* qui était le clergé le plus modéré dans l'entourage *d'Ayatollah Khomeini*. En profitant de sa mort soudaine et mystérieuse, ses adversaires déployèrent rapidement une constitution incluant quelques articles controversés comme *Velayat-e-Faghieh*, qui donne un pouvoir absolu au « *Guide Suprême* ».

Le deuxième groupe des réformateurs furent les membres du premier gouvernement postrévolutionnaire, ainsi que le premier président élu *Banisadre*.

La période 1988-1997, à savoir la période d'après-guerre, fut marqué par les réformes économiques et l'existence formelle des institutions démocratiques (comme le parlement), mais sans aucune démocratie réelle dans le sens occidental du terme. Cette période est aussi connue sous le nom de « *l'ère Rafsandjani* », marqué par quelques réformes économiques libérales mais sans les réformes constitutionnelles.

Le déclin de Rafsandjani, principalement en raison d'une opposition féroce de la parte des extrémistes du régime, fraya la voie pour *Karbaschi* le maire controversé de Téhéran, qui jouissait d'un peu de popularité pour quelques temps, mais rapidement lâché après son soutien à Rafsandjani. Il a connu plus ou moins le même destin que ses prédécesseurs et plus tard fut emprisonné pour corruption.

La période 1997 au présent, commença avec une quasi-démocratie, où les conservateurs n'avaient pas le contrôle total des institutions démocratiques comme le parlement et le gouvernement. La victoire du réformateur Khatami, jusque-là inconnu, au mai 1997 marqua une nouvelle ère pour le mouvement de réforme en Iran. L'émergence de ce mouvement s'explique principalement par :

- Les changements profonds de la démographie iranienne où la génération de la révolution avait atteint la maturité et exigeait davantage de liberté ;
- Les bouleversements radicaux des rapports internationaux et la chute des dictateurs ;
- Une augmentation du nombre des gens éduqués ;
- De meilleurs moyens de communications et surtout l'Internet ;
- Une presse plus libre ;
- Les réformes économiques de l'ère Rafsandjani, qui avaient créé une nouvelle classe sociale, à savoir une nouvelle bourgeoisie iranienne ;

Ces événements ont conduit aux changements radicaux du paysage politique de l'Iran. Il est à noter qu'ici, il s'agit de groupements à l'intérieur du régime, et non pas de l'opposition iranienne à l'étranger. D'ailleurs ces derniers n'étant pas unis, n'ont jamais constitué une véritable menace à l'existence du régime islamiste. Parmi eux, l'on trouve les *Mojahedeens du peuple*, les monarchistes, les gauchistes et les républicains laïques.

Quant aux réformistes à l'intérieur du régime islamiste de l'Iran, ils réclament *une démocratie islamique* dont les valeurs n'ont pas encore été entièrement définies. La diversité et l'ambiguïté de ces derniers ont rendu le programme des réformes vague et sur le plan économique, le mouvement des réformes représente plusieurs orientations idéologiques. Pourtant la politique des réformistes peut être récapitulée comme suit :

- Institutionnalisation de la société civile ;
- La séparation des pouvoirs pour assurer un pouvoir démocratique ;
- Renforcement du parlement ;
- Démocratisation ;
- Décentralisation ;
- Dépersonnalisation ;
- Restructuration économique, puisque le libéralisme économique est un élément essentiel pour le pluralisme politique ;
- Réintégration de l'Iran dans la société internationale ;

Face à la détermination des conservateurs pour préserver le « *statut que* » et du fait qu'ils tiennent les leviers principaux du pouvoir (les forces armées et le pouvoir judiciaire), l'avenir de ce mouvement n'est pas prometteur.

Malgré ses accomplissements considérables, le réformiste Khatami a subi le même destin que ses prédécesseurs, à savoir paralysé entre un peuple qui demande des droits et les conservateurs qui dénoncent le mouvement de réforme et font tout ce qu'ils peuvent pour empêcher sa réussite.

D'une manière générale, chaque révolution crée une classe privilégiée qui se transforme plus tard en un obstacle pour le nouveau changement et la réforme. La classe privilégiée qui a monopolisé le pouvoir pendant les dernières décennies n'est pas prête à renoncer à ses intérêts. Ainsi, une transformation paisible demanderait de nouvelles coalitions, changement de coalition et formation des nouveaux blocs de pouvoir. Cependant, n'importe quelle tentative de réforme de l'intérieur du régime doit agir dans le cadre des lois actuelles du pas ce qui limite gravement le marge de manœuvre des réformistes.

De toute façon, *président Khatami* fut la limite finale de la démocratie islamique. Au moins, pour l'instant, la transformation non-révolutionnaire d'un système totalitaire aussi connu comme « *la révolution de velours* » ne semble pas d'avoir fonctionné en Iran. La question qui se pose est de savoir si la jeune génération, est-elle assez patiente pour cette route longue et difficile ?

La Démocratie Islamique

Dans le même registre, et sur un plan plus abstrait, il conviendrait de voir si la démocratie islamique, à savoir *la réconciliation de la théocratie avec la démocratie* est du tout possible ?

Les adversaires de la démocratie islamique prétendent que l'idée de réforme vient du modernisme et n'est pas en harmonie avec la foi religieuse. Autrement dit, l'Islam et la démocratie ne sont pas compatibles. Ils soulignent l'antagonisme inhérent entre la théocratie et la démocratie. Selon eux, la théocratie est basée sur les lois religieuses qui par nature sont considérées comme absolues et immuables voire non-négociables. Cela met une limite à la réconciliation entre la démocratie libérale, dans son sens occidental, et la *Charia*.

En fait, le mot *Islam* vient du mot *Taslime (la soumission)* et l'on est censé livrer son destin à *la pitié d'Allah*. C'est en contradiction directe avec des valeurs démocratiques libérales, selon lesquelles un individu est le maître de son destin et sa mission principale dans la vie est la poursuite de la prospérité, la liberté et une vie meilleure.

Les partisans de la démocratie islamique, déclarent que l'idée que l'Islam et la démocratie soient éternellement incompatibles est fondée sur un préjugé occidental. Selon eux, l'Iran contemporain est un pays complexe avec ses propres caractéristiques sociales et politiques. Donc, c'est une erreur d'appliquer les modèles de développement politiques occidentaux, rigidement à un pays oriental.

Ainsi, ils déclarent que la religion et la démocratie sont complémentaires et comme argument, ils donnent l'exemple des Etats-Unis, où selon eux, le Christianisme constituait la fondation de la démocratie américaine.

Il est vrai que le Christianisme a joué un rôle important dans la démocratie américaine, mais cela mis à part, il semble que la version islamique de la démocratie est radicalement différente de la notion occidentale du terme. Autrement dit, il s'agit d'une *démocratie sans libéralisme, une liberté sans liberté morale, et un modernisme sans laïcité.* Selon les modèles occidentaux du développement politique, cela n'est guère réalisable, puisque le libéralisme se racine dans la démocratie et la modernisation des institutions sociales ne se fait que dans le cadre d'un état laïque.

Cela dit, il est à noter que les efforts des savants musulmans, pour réconcilier l'Islam avec la démocratie, ne doivent pas être carrément rejeté, puisque c'est un développement avec 'énormes conséquences, non seulement pour l'Iran, mais pour l'ensemble du monde musulman. Si la démocratie islamique sous-entend une démocratie occidentale avec une « *saveur* » orientale, où le gouvernement est dépersonnalisé et fonctionne sur les bases légales et rationnelles, cela peut être un pas dans la bonne direction.

La synthèse socio-politique

Nous avons commencé l'analyse des enjeux de l'Iran par son aspect socio-politique, puisque c'est par ici qu'on pourra créer les conditions pour le développement économique du pays. Il est évident, que *la période de transition est la période de confusion* et l'Iran d'aujourd'hui se trouve dans une telle situation. Si l'Iran ne parvient pas à mettre une fin à despotisme et n'adapte pas un système démocratique et transparent, tout espoir du progrès et de la prospérité sera condamné.

La lutte éternelle entre les fores progressives et les conservateurs depuis 1906 ont déstabilisé l'Iran, et il est le temps de trouver un consensus. Une prise de conscience de la diversité politique et culturelle du pays, et bien entendu, en misant sur les principes de la liberté et de la société civile, l'Iran doit trouver un modèle qui corresponde à ses particularités culturelles.

Une réconciliation nationale est le prérequis principal pour atteindre un développement politique équilibré.

La capacité du régime actuel de se réformer dans le cadre d'une théocratie rigide constitue un point d'interrogation. Il est vrai, que dans certains pays comme la république Tchèque une telle transition s'est fait plutôt pacifiquement, mais il y eu aussi des exemples plus violents. Espérons que cela ne sera pas le cas pour l'Iran, qui a beaucoup souffert, et qui mérite la liberté et la paix.

Les Défis Socio-Economiques

Les chocs pétroliers des années 1970s menaient à une augmentation colossale des recettes de l'état iranien, qui par conséquent misa sur les projets d'investissements ambitieux. Ceux-ci déstabilisèrent la macroéconomie iranienne et contribuèrent, en partie, à la révolution Islamique de 1979. Autrement dit, dans cette période, l'Iran a connu un développement économique très rapide, accompagné d'une forte urbanisation, ce qui a abouti aux inégalités et de profonds déséquilibres macro-économiques et a contribué, en partie, à l'effondrement du régime du Chah.

La révolution a davantage aggravé la situation économique du pays, en conduisant à :

- La désorganisation de l'appareil productif
- La fuite des capitaux

- L'exil des cerveaux
- L'isolement du pays et les sanctions économiques
- Huit années de guerre destructrice contre l'Irak (1980-1988)

Ainsi durant les années 1990s, la situation économique du pays ne s'est guère améliorée, ce qui s'explique par la gestion conjoncturelle de la macroéconomie et les sanctions économiques américaines. Le commerce extérieur figure parmi les secteurs les plus touchés par cette mauvaise gestion de l'économie.

En gros, la gestion macro-économique de l'Iran après la guerre (1980-1988), a été en grande partie guidée *par trois plans de développement quinquennaux : 1990-1995 , 1995-2000, 2000-2005.*

Le premier plan (1990-1995), à savoir la phase de reconstruction de l'après-guerre, fut marqué par une croissance économique rapide de 7% durant les premières années. Cette hausse de la croissance s'explique par les investissements publics, financé en partie par des expansions monétaires et les crédits externes à court terme, et facilité par une politique de libéralisation économique.

Cette politique incluait la libéralisation des prix domestiques et une réduction des restrictions de change. Cette dernière a conduit à une première tentative d'unification du taux de change en mars 1993. Le résultat fut un échec et en 1995, la dette extérieure s'éleva à 22 milliards de dollars américains.

Cependant, *la politique financière, excessivement expansionniste,* produisait de grands déséquilibres macro-économiques et combiné à l'impact négatif du choc de prix du pétrole en 1993, entraina des problèmes sévères de balance de paiements. En réponse, une série de mesures fut entreprise, comprenant la réduction de 50% des importations, le rétablissement du système de taux de change multiple et l'assignation administrative des devises.

Le *deuxième plan (1995-2000),* s'est concentré sur la gestion de la réduction de la dette extérieure et sur la lutte contre l'inflation. Malgré les mesures rigides et une politique fiscale plus rigoureuse, l'intensification des sanctions américaines, après le passage de *la loi ILSA (sanctions sur l'Iran et la Libye) en août 1995,* détériora davantage la situation de l'économie iranienne. Cela fut accentué par une nette hausse de l'inflation de 59% en mai 1995, menant à un nouveau resserrement des restrictions du taux de change.

Durant une grande partie de la période 1995-2000, des obstacles structurels, le manque d'accès aux marchés extérieurs et la compression excessive des importations freinaient la croissance et le développement du secteur privé. En conséquent, la performance de l'économie iranienne pendant la période 1993-2000 restait faible, avec un taux moyen de croissance de 3,3%.

Après avoir atteint une certaine stabilité macro-économique, *le troisième plan* fut consacré à un large programme d'ajustement économique, visant à réduire le rôle du secteur public dans l'économie, le développement du secteur privé et la libéralisation du commerce extérieur. De plus, le plan prévit à atteindre un taux de chômage de 11,5% en 2005 et un taux de croissance de 6%.

En somme, après une longue période d'instabilité marqué par de grands déséquilibres externes et internes, la situation macro-économique du pays reste inquiétante et volatile.

Le fléau de l'inflation

Alors que les pays occidentaux ont plus ou moins ont réussi à contrôler l'inflation *(la vague inflationniste des années 1970)*, la montée chronique des prix reste un phénomène commun dans la plupart des pays en développement et constitue le souci principal des décideurs économique de ces pays. La plupart des études effectué sur les origines de ce fléau économique montrent que la raison profonde vient *des problèmes structurels et les déficiences de ces économies.*

En ce qui concerne l'Iran, l'inflation est principalement un *phénomène monétaire.* Autrement dit, la source principale d'inflation à long terme a été le financement de grands déficits budgétaires par des expansions monétaires. A cela s'ajoutent :

- les sanctions économiques

- l'indiscipline fiscale des gouvernements successifs
- le déséquilibre entre la demande et l'offre
- les restrictions sur les importations
- la position de quasi-monopole des entreprises iraniennes en absence de la concurrence étrangère

Les sanctions américaines diminua les recettes pétrolières iraniennes de moitié et en conséquent leur part dans les recettes budgétaires tomba à un niveau historiquement bas. Cette baisse des revenus à la suite des sanctions américaines incita le gouvernement iranien à faire recours aux émissions massives de dettes et la vente d'actifs sur le marché boursier. Cette tendance s'est plus ou moins poursuivie jusqu'à aujourd'hui.

La capacité de l'Iran à contrer les pressions sur les taux de change a été entravée par des réserves limitées et un accès limité aux recettes d'exportation étrangères. La dépréciation de la monnaie a eu un impact sur l'inflation qui est passée à 36,4% en 2020 et 39,3% en 2021 contre 34,6% en 2019. Cette inflation élevée exercé une pression économique supplémentaire sur les ménages à faible revenu car conséquence d'une forte dépréciation de la monnaie.

La Pauvreté et le Chômage

Pour accomplir la promesse de la révolution, c'est-à-dire la promotion de la justice sociale, l'Iran a suivi une approche de développement social décrite par la Banque Mondial comme « *la répartition avant la croissance.* » En effet, tandis que la croissance a stagné et le PIB par habitant a baissé depuis la révolution, des indicateurs sociaux se sont relativement améliorés. Ce paradoxe d'amélioration de conditions sociales en absence de la croissance, s'explique par le rôle très actif de l'état dans les transferts directs, à savoir les subventions explicites aux produits de première nécessité et un programme de développement de ressources humaines forte comme l'accès universel à l'éducation et la santé combiné au contrôle de la croissance.

Quant à *la sécurité sociale*, l'Iran disposa d'un système de transfert qui atteignit un grand nombre de pauvres qui en plus de cela profitèrent des institutions de charité et d'autres organisations à but non lucratif. Ces programmes incluent des transferts directs de liquidités, des aides au logement, des bourses d'études et l'assurance maladie. Pour toucher les plus pauvres, le réseau de mosquées et d'autres institutions non gouvernementales furent utilisées.

Cela dit, incapable de résoudre le problème de pauvreté, ce programme de transfert a atteint sa limite. Il a aussi joué un rôle déstabilisant et contre-productif dans la macro-économie iranienne. Autrement dit, en consacrant les ressources publiques à la consommation au lieu de les canaliser vers l'investissement dans l'appareil productif, les gouvernements successifs iraniens ont limité la croissance et la création d'emploi.

En gros, l'Iran n'a pas encore réussi à résoudre le problème de pauvreté, dans la mesure où 30% de la population vivent toujours au-dessous du seuil de pauvreté.

La raison principale de cet échec est l'approche erroné au problème de la pauvreté, à savoir d'essayer de le résoudre par des *transferts charitables* plutôt que par la *création de l'emploi.*

La solution passerait par les réformes structurelles visant à l'ouverture de l'économie et attirer les investissements directs étrangers, renforcer la compétition, éliminer les rigidités du marché du travail, etc.

Compte tenu du dynamisme démographique de l'Iran et de l'effet relativement faible de la croissance sur l'emploi, la pression sur le marché du travail va rester sévère dans les années qui viennent. La création d'emploi sera un défi majeur pour l'Iran et l'un des facteurs le plus déstabilisant de la société iranienne au XXIe siècle.

La croissance économique

En ce qui concerne la croissance, elle a fait la moyenne simple de 3 % par an, ce qui est trop bas pour garantir la création de l'emploi pour les 700,000 demandeurs d'emploi complémentaires qui viennent au marché de travail annuellement, pour ne pas mentionner le 9-14 % de la population active qui sont déjà au chômage.

Malgré une forte baisse dans la croissance démographique pendant les dernières décennies (de 3,6% à 1.3 % par an), la population active continue à s'accroître, principalement à cause d'une relativement jeune population. Afin de faire face à ce défi, l'Iran doit garantir un taux de croissance annuelle de produit intérieur brut plus que 6.

La situation économique actuelle de l'Iran est l'aboutissement de plusieurs décennies de grandes ruptures et incertitudes, marqué par la révolution (1979), la guerre longue et destructive avec l'Irak (1980-88) et l'isolement international du pays qui a empêché l'accès normal au capital international et à la technologie.

Le caractère interventionniste de la gestion économique du pays pendant la guerre et après, a mené au développement d'un complexe système des prix, avec des taux de change multiples, des restrictions commerciales quantitatives avec d'irraisonnables tarifs et les subventions de produits d'énergie. Il a aussi mené au développement d'un grand secteur des entreprises publiques, dominant de 60 % du secteur industriel et les grands quasi-publics fonds (*Bonyads*) avec peu de transparence.

Le résultat a été une stagnation économique prolongée, pendant laquelle le produit intérieur brut par personne est tombé et, malgré son rétablissement lent (surtout en raison d'une forte baisse dans la croissance démographique), doit encore regagner son niveau de pré révolution.

La réintroduction des sanctions par le gouvernement américain, associée à la chute cyclique des prix du pétrole, a plongé l'économie iranienne en récession et le PIB a reculé de 6,8% en 2019 dans un contexte de baisse de la consommation, des exportations de pétrole et des activités de construction. Les secteurs non pétroliers génèrent la plupart de la production et des emplois de l'Iran et se sont révélés plus résilients face aux sanctions américaines que le secteur de l'énergie. En 2020, l'Iran a été durement touchée par la pandémie de COVID-19, mais aussi à cause des sanctions américaines, qui ont entraîné des pénuries de matériel médical.

Ainsi les perspectives économiques de l'Iran restent très incertaines, en particulier compte tenu de la poursuite des sanctions américaines par les administrations successives américaines.

Les Réformes Économiques

Afin faire face à ses défis socio-économiques, l'Iran a finalement décidé de miser sur les réformes compréhensives dans tous les domaines de macroéconomie. Autrement dit : la réforme du secteur public et du secteur financier ; la privatisation des entreprises publiques ; des réformes commerciales ; l'enlèvement des subventions surtout celles du prix d'énergie ; et la modification de la législation concernant des investissements étrangers, afin créer les conditions pour une modernisation de l'industrie pétrolière et l'import de savoir-faire.

En gros les réformes économiques peuvent être divisées en deux chantiers principaux, *le premier le système des prix et le deuxième la structure légale et institutionnelle*. En adoptant cette approche duelle, l'état iranien vise à la fois une libéralisation du système des prix *(qui devrait permettre une allocation plus efficace des ressources)* et les réformes légales et institutionnelles pour permettre *le développement d'un secteur privé efficace*. En ce qui concerne le secteur privé, les réformes suivantes furent introduites :

- Les réformes légales et institutionnelles, en particulier : la réforme de la loi sur les investissements directs étrangers ; l'adoption des lois pour limiter des pratiques commerciales monopolistiques et injustes; l'ouverture de toutes les activités économiques au secteur privé
- Réduction de la taille du secteur public par privatisation et la réforme des entreprises publiques;
- La réforme du secteur financier, avec un accent fort sur la surveillance et la promotion des banques privées;

- Renforcement des mécanismes de protection sociale pour limiter les effets transitoires négatifs des réformes

En ce qui concerne *la réforme des prix*, il est à noter que d'un point de vue macroéconomique, les prix ont une importance cruciale pour les décisions économiques et l'allocation des ressources dans un pays. Les prix artificiels envoient un faux signal aux agents économiques et conduisent à une mauvaise et non-efficace allocation des ressources.

Malheureusement, cette importance macroéconomique des prix a été systématiquement négligée (ignoré) par la plupart des pays en voie de développement et j'ose dire qu'elle fait partie des facteurs principaux de leur situation actuelle.

La raison principale pour les existences des prix artificiels en Iran et les autres pays qui partagent ses problèmes macroéconomiques, est le poids important des *considérations politiques et sociales (au court terme)* dans les décisions économiques. Autrement dit, la préoccupation principale des dirigeants du tiers monde (pour la plupart les dictateurs) étaient de préserver leur pouvoir et éviter l'instabilité sociale, ce qui a contribué aux fausses stratégies de développements.

L'Iran est apparemment en voie de réévaluer son approche au développement via une réforme de son *système des prix*. Pour arriver aux prix qui reflètent la réalité, les mesures suivantes ont été prises:

- La réforme du régime de change en réduisant les taux de changes multiples et le mouvement vers détermination du taux de change par le marché;

- La libéralisation du commerce extérieure, en enlevant toutes les barrières non-tarifaires et une simplification des tarifs;

- S'éloignant du système non compétitif d'assignation de crédit actuel avec les taux d'intérêt réels négatifs, vers un système plus compétitif avec les taux d'intérêt positifs;

- Ajustement de prix d'énergie en enlevant les subventions d'énergie.

La réforme du régime de change

Le choix du régime de change dépend principalement des caractéristiques d'une économie. Le *flottement* est conseillé pour les pays où le marché du change est assez liquide et n'est pas dominé (monopolisé) par peu d'agents économiques qui pourraient influencer le marché.

Il exige également une diversité de l'économie en ce qui concerne ses sources de revenu. L'économie pétrolière de l'Iran ne remplit pas ces conditions et est très exposée aux chocs pétroliers.

En plus le marché de change est dominé par un méga acteur c'est à dire *la banque centrale de l'Iran BMJII* et quelques petits exportateurs. Dans ces circonstances, afin d'assurer une transition lisse, les autorités iraniennes ont opté pour une solution intermédiaire, c'est à dire une forme contrôlée du flottement, le soi-disant "*Managed Float*" ou en français ''*flottement géré*''. Compte tenu de la complexité de la problématique, ce choix, au moins au court terme, semble d'être le plus réaliste pour l'Iran, et le plus proche à flottement libre. Ce système de change (*Managed Float*) est caractérisé par les interventions fréquentes des autorités monétaires sans aucun engagement à un taux de change explicite, comme c'était le cas pour le Rouble russe depuis auguste 1998. L'avantage principal de ce système est une plus grande flexibilité en cas de changements imprévus des fondamentaux, comme par exemple un choc pétrolier. C'est apparemment pour ça que l'Iran a opté pour cette solution, puisqu'il corresponde mieux à l'économie iranienne.

Le FMI à l'époque fut plutôt optimiste et estima que cette réforme au contraire de celle de 1995 (*qui échoua et a conduisit à une dette importante de 22 milliards de dollars à l'époque*) eut une plus grande chance de succès, grâce au *FSP (le Fond de Stabilisation Pétrolier)* qui en absorbant de tout l'excès du revenu pétrolier, en cas d'un choc pétrolier, va diminuer les fluctuations du taux de change.[2]

---

[2] Le problème de la plupart des économies pétrolières est que pendant les chocs pétroliers (la hausse des prix) et ainsi les antichocs (la chute des prix) la monnaie de ces économies a une tendance à apprécier ou déprécier.

En étant conscient des mérites de stabilité de taux nominale à court terme et en comprenant l'approche prudente des autorités iranienne *(en assurant la stabilité pendant la phase initiale de l'unification de taux de change)*, le FMI cependant avertit contre le risque de construire les espérances d'un taux de facto fixé, ce qui pourrait au moyen terme rendre des mouvements suivants de taux de change politiquement difficiles. Il exigea ainsi que les autorités iraniennes fassent leur mieux pour assurer que le taux de change au marché d'inter-banque fluctue plus librement et suive les fondamentaux.

Aujourd'hui (2022), la capacité de l'Iran à contrer les pressions sur les taux de change a été entravée par des réserves limitées et un accès limité aux recettes d'exportation étrangères. En résumé, compte tenu le caractère spécial de l'économie iranienne, le choix d'un régime de *«flottement géré»* paraît raisonnable au court terme, puisque cela va stabiliser l'inflation et réduire la volatilité du marché du change. Néanmoins, au long terme c'est plutôt par *une politique fiscale* prudente que l'on peut combattre inflation.[3]

La libéralisation du commerce extérieure

La politique commerciale (*Trade Policy*) est un élément important pour améliorer l'allocation des ressources dans

---

[3] L'inflation en Iran a été en hausse depuis 1970s, principalement à cause des chocs pétroliers et un déficit chronique du budget d'état.

une économie et ne doit pas servir d'autres objectifs. Pourtant, dans la plupart des pays en développement, la politique commerciale a été utilisé comme un instrument pour résoudre leurs problèmes fiscaux et monétaires.

C'est ainsi le cas pour l'Iran et la politique commerciale du pays a servi de multiples objectifs. Cette multitude des objectifs s'est traduit par : de nombreuses restrictions quantitatives et barrières non tarifaires comme des monopoles d'importation et des restrictions d'exportation, pèsent sur l'efficacité de ce secteur.

La stratégie du développement de l'Iran après la révolution, c'est à dire *autosuffisance* dans tous les domaines, exigeait la protection des industries locales et a conduit à une structure tarifaire complexe avec de nombreuses taxes et charges sur des importations et des exportations.

Dans le cadre de son intention de joindre OMC, l'Iran a embarqué sur un programme des réformes compréhensif dans le domaine des tarifs. Celles-ci incluent :

- L'enlèvement des barrières non-tarifaires (NTBs) et les remplaçant par tarifs;
- La réduction progressive des bandes tarifaires au cours de la période 2000-05
- La réduction progressive du taux tarifaire moyen à un niveau qui permet à l'Iran de s'engager aux négociations avec OMC.

- Finalement, pour être efficace, la réforme commerciale doit être accompagnée par une simplification de procédures douane et administratives.

La réforme du secteur financier

Avant la révolution, l'Iran avait un secteur bancaire dynamique et il y avait beaucoup de banques privées tant iraniennes qu'étrangères.

Après la révolution deux facteurs principaux ont profondément détérioré la situation pour le secteur bancaire iranien. Le premier fut *la nationalisation de toutes les banques privées*, ce qui se traduisait par une monopolisation des opérations bancaires par l'état et le deuxième fut *l'islamisation du secteur*, ce qui voulait dire *une élimination de l'Intérêt (le taux d'intérêt) des opérations bancaires.*

En ignorant le rôle central des taux d'intérêts dans le secteur financier, le nouveau système essayait d'adapter le secteur bancaire à *Charias*. Toutefois cela ne marchait jamais, et ce qui se passait en réalité est que les taux d'intérêts ont été remplacés par d'autres primes et d'autres noms, ce qui a beaucoup compliqué les opérations bancaires et a réduit l'efficacité de ce secteur. Dans le cadre des réformes structurelles plusieurs banques privées ont été autorisées.

Une autre initiative fut l'émission des soi-disant *CPP (une sorte d'obligation publique)* dans un effort d'absorber la liquidité et préparer le terrain pour un marché des obligations au sens occidental du terme. Parmi les autres mesures l'on trouve plus d'indépendance et flexibilité aux banques de fixer leur taux de dépôts et prêt.

De plus, les banques furent autorisées d'émettre les soi-disant *Certificats de Dépôts (CDs)*[4] qui sont les obligations projet-spécifiques. Le taux payé par des banques sur ce CD[5] et le taux de prêt de ces dépôts ne seront pas soumis aux restrictions.

Malgré les mesures ad-hoc mentionnés au-dessus, les réformes vont lentement la bourse souffre de divers types de manques comme l'absence d'une loi exhaustive sur la bourse, les faiblesses comme délit d'initié, le manque de protection des droits de petits actionnaires, le manque de transparence dans les entreprises enregistrées sur la Bourse de Téhéran. En bref le manque d'une approche holistique qui comprendre la totalité du secteur est toujours demeurant.

Ajustement de prix d'Énergie

Pendant longtemps, en raison des subventions importantes, allant jusqu'au 12% de PIB, les prix d'énergie en Iran furent 4 à 5 fois plus basses que le prix réel. Les rajustements de prix d'énergie, principalement à cause leur impact haut et répandu sur la population et les différents secteurs de l'économie nationale, ont prouvé être un sujet politiquement

---

[4] Credit Participation Papers
[5] Certificates of Deposit

sensible. Cela a rendu le progrès sur ce front assez limité face à l'opposition du parlement et le public. Ceci reste l'élément le plus critique des réformes ainsi que leur crédibilité et faisabilité. Autrement dit, en enlevant ces subventions, l'on pourra non seulement améliorer l'allocation des ressources économiques, mais aussi consacrer les au financement des autres réformes. Les effets macroéconomiques d'un tel rajustement seront globalement positifs surtout sur la balance commerciale. En ce qui concerne les exportations, l'impact sur le coût d'exportations sera limité, premièrement dû la taille limitée d'exportations non-pétrolières et deuxièmement à cause de leur intensité d'énergie basse. Un prix réaliste d'énergie va conduire à l'utilisation des technologies plus efficaces en matière d'énergies.

Les effets de l'augmentation de prix d'énergie sur l'importation seront ainsi limités, puisque les secteurs qui sont fortement affectés ne sont pas engagés dans les exportations et pour ceux qui vont éprouver une hausse de leur coût, un éventuel ajustement tarifaire va résoudre le problème. Le plus positif effet sera la réduction du déficit budgétaire et la réduction conséquente de l'inflation.

Les économies considérables d'un tel rajustement du prix d'énergie pourraient être utilisées pour financer les dépenses sociales et économiques liées à la compensation partielle du consommateur ainsi qu'un appui financier pour accélérer la mise à niveau technologique vers les systèmes de productions moins énergivore.

Compte tenu la sensibilité de ce domaine, principalement dû leur impact énorme sur tous les secteurs, le régime a adopté une démarche plutôt prudente et ad-hoc, ce qui explique le progrès limité des réformes dans ce domaine. La raison profonde vient du fait que la priorité principale des dirigeants du régime est stabilité sociale et ils évitent tous ceux qui pourraient perturber celle-ci.

La privatisation des entreprises publiques

Le rôle important du gouvernement dans l'économie iranienne n'est pas un nouveau phénomène et même avant la révolution le secteur public var le plus grand secteur de l'économie. Néanmoins le secteur privé émergeait graduellement et en 1979 il avait atteint une taille considérable. La révolution et les nationalisations massives qui suivaient celle-ci, cependant, changeaient la situation profondément.

Après la fin de la guerre avec l'Irak en 1988, ce sujet fut de nouveau évoqué et pendant la présidence de *Hashemi-Rafsandjani* le gouvernement commençait de vendre les actions des entreprises publiques à la bourse. Cette tendance a continué jusqu'à aujourd'hui mais un succès modeste.[6]

---

[6] Le succès limité de ces privatisations var principalement dû deux facteurs : la plupart de ces entreprises étaient endettés et le prix demandé était trop haut.

Après l'annonce du programme de privatisation dans le Plan 2000-05, une nouvelle agence de privatisation fut fondée dans le ministère des Finances et en même temps le parlement adopta la législation nécessaire pour la privatisation.

En 2002, le comité de Privatisation, sous la surveillance du Président, identifia 1,039 entreprises publiques pour la privatisation, dont 217 devraient rester public, 87 à liquider et 735 furent désignées pour la privatisation. Les actions de ces dernières furent vendues à la bourse de Téhéran (*TSE*), et en partie aux employés de ces entreprises. Dans le secteur pétrolier, aussi l'état céda plusieurs sociétés au secteur privé.

Malgré l'existence d'une structure légale et les mesures mentionnés au-dessus, le progrès dans la privatisation a été limité et elle a consisté en ventes des actions du gouvernement aux *investisseurs privés, quasi-public* fonds (*Bonyads*) et même aux entités publiques comme la Sécurité Sociale, sans transfert de contrôle de majorité au secteur privé.

La privatisation veut dire un transfert total de la gestion et le contrôle de ces entreprises au secteur privé et ne se limite pas à un transfert des actions. Il est aussi impératif qui le gouvernement se débarrasse des activités clefs qui peuvent être effectuées plus efficacement par le secteur privé, comme la télécommunication, le transport, l'assurance, le tourisme et d'autres services.

Et le dernier mais pas le moins est le fait qu'en absence de sécurité et transparence, les investisseurs privés ne risquions pas leurs capitaux et l'objectif principal reste à créer un environnement stable et favorable aux investissements pour ne pas parler de la loi sur les investissements étrangers, qui malgré plusieurs directives et amendements reste ambigu.[7]

La législation sur les investissements étrangers

La littérature révolutionnaire des années 1970s et leur regard critique sur les investissements étrangers des entreprises multinationales, faisait ceux-ci un sujet tabou dans les pays en développement et ils ont été considérés comme une sorte de néocolonialisme. Aujourd'hui la situation a changé radicalement et il y a une compétition forte entre les pays du tiers monde pour attirer ces investissements.

L'Iran même sous le régime du *Chah*, malgré son attitude pro-occidentale, avait une loi plutôt restrictive sur ce sujet et dans les projets communs avec les étrangers, la partie du partenaire étranger ne pourrait pas dépasser 49% du capital totale.

Après la révolution, compte tenu de l'ambiance anti-occidentale de l'époque, la méfiance totale envers les étrangers se traduisait par *l'article 81 de la Constitution*

---

[7] Selon l'article 89 de la constitution de la république Islamique de l'Iran, les investissements étrangers dans les secteurs clefs comme par exemple pétrole et gaz sont interdits.

iranienne, selon lequel : « *les concessions aux étrangers d'établir les entreprises pour les buts commerciales dans les secteurs d'industrie, d'agriculture et surtout le secteur des matières premiers furent interdit, et des éventuelles exemptions de cette règle doivent être approuvé par le parlement* ».

Après la fin de la guerre avec l'Irak, et le besoin urgent du pays pour reconstruire l'infrastructure du pays surtout celle de l'industrie pétrolière, forçait l'Iran à modifier son attitude. Mais comme ailleurs, au lieu d'adresser le problème directement et changer la Constitution, les autorités iraniennes ont essayé de contourner les restrictions de l'article 81. Un exemple d'un tel contournement fut les soi-disant « *Buy-Back Contracts.* » Il s'agit de payer l'investisseur par les revenues du projet final.

Cette ambiguïté de la loi sur les investissements étrangers, c'est à dire le maintien d'article 81 de la constitution et le contournant par les contrats de rachat, a été l'obstacle principal pour attirer les capitaux étrangers. Pour adresser cette problématique, en 2002, une nouvelle loi sur l'attraction et la protection de l'investissement étranger en Iran fut adoptée qui remplaça la loi de 1955.

La nouvelle loi offre quelques améliorations mais elle maintient certaines contraintes auxquelles sont soumis les investisseurs étrangers en Iran et elle reste muette sur certains d'autres. Voici quelques exemples :

- Les étrangers sont toujours exclus de l'amont pétrolier et gazier ;
- Les investissements doivent toujours faire l'objet d'une autorisation pour bénéficier de la nouvelle législation ;
- L'exequatur des décisions arbitrales rendues à l'étranger est toujours soumis à l'approbation des autorités iraniennes pour les entités publiques ;
- Les rapatriements des bénéfices en devises restent limités par l'étroitesse du marché libre des devises ou la nécessité d'exportation ;
- La loi introduit même de nouvelles limites par les plafonds sectoriels, soumettant un peu plus l'investisseur étranger à l'appréciation de la Commission d'Investissement ;
- La loi est muette sur l'interdiction, introduite après la Révolution, d'une participation majoritaire d'un étranger au capital d'une société iranienne ;

En bref, cette nouvelle loi ne fut qu'une adaptation des conditions d'investissement aux objectifs du gouvernement du Président Khatami et à une clarification de ces conditions, objectifs auxquels la loi de 1955 ne pouvait plus répondre.

Un autre développement important à cet égard, est l'adoption (au mai 2003) par le parlement iranien d'un projet de loi qui permet à l'Iran de joindre *MIGA*. Il s'agit bien de *l'Agence multilatérale de garantie des investissements (MIGA)*, l'une des institutions du Groupe de la Banque mondiale. Elle a pour mandat de promouvoir les investissements étrangers directs alignés sur la stratégie de développement des pays membres de l'Agence. Cet organisme garantie la sécurité des capitaux étrangers investi dans les pays de tiers monde.

Les manques de la législation mis à part, la clé du succès dans ce domaine est une normalisation des rapports avec l'Occident. Tant que l'Iran fait partie de l'axe du mal et donc risque un conflit avec les Etats-Unis, il sera très difficile de convaincre les investisseurs étrangers d'investir en Iran.

La réforme du système d'impôts

Un des objectifs le plus prononcé du régime, après la révolution fut la réduction de la dépendance de l'état des revenus pétroliers et les remplaçant par des revenus fiscaux. Malgré les initiatives ad-hoc des successifs gouvernements, cet objectif n'a pas encore été atteint et les revenus pétroliers, constituent toujours la principale source de revenu de l'état.

Il s'agit d'une réforme du système des impôts directs et une simplification de catégories fiscales. Ceux-ci amélioreraient significativement l'efficacité et la transparence du système fiscal. Parmi des autres mesures pour améliorer le système d'impôt sont :

- L'établissement de l'Organisation Fiscale nationale (NTO)
- L'introduction de TVA
- L'élimination d'exonérations d'impôt pour des entreprises nationales et Bonyads
- Intensification des efforts de récupérer des arrérages fiscaux.

Malgré de bonnes intentions, le progrès a été limité, puisque la fiscalité a été utilisée comme un instrument pour combattre le chômage. Autrement dit, le recours excessif aux avantages fiscaux pour encourager la création d'emploi et de divers privilèges accordés aux entrepreneurs, ont réduit les effets des réformes mentionnés au-dessus.

La synthèse socio-économique

D'une manière générale, le progrès dans les différents chantiers des réformes a été limité et en ce qui concerne les domaines principaux comme le système des prix et les subventions, l'Iran s'en trouve toujours dans les phases initiales.

La raison profonde de ce manque de succès doit être cherchée dans la nature même des régimes totalitaires. L'objectif principal de ceux-ci est le maintien du pouvoir est stabilité politique et sociale. Ayant celles-ci comme les priorités majeures, les autorités iraniennes ont eu une tendance à reporter les réformes structurelles (celles qui faisaient le plus mal) par peur que celles-ci pourraient déstabiliser la société.

Une autre raison est la soi-disant *interdépendance* entre des réformes. Autrement dit, les réformes dans un domaine doivent être accompagnées par des réformes ailleurs. Cela exige une certaine *synchronisation* des différentes réformes, afin d'obtenir un résultat optimal. En négligeant cet aspect important des réformes structurelles, et en adoptant les mesures ad-hoc et les demi-mesures, les dirigeants des réformes ont donc une parte de la responsabilité pour le progrès limité des réformes.

La rivalité et le combat pour pouvoir entre les réformateurs et les conservateurs a ainsi été un facteur négatif et déstabilisante pour le programme de réforme.

Et le dernier mais pas le moins important est le prix du baril qui va déterminer la marge du manœuvre du gouvernement, puisque dans les phases initiales des réformes il aura besoin de compenser les groupes les plus touchés par les réformes. La volatilité du cours du baril ne rend pas les choses plus faciles et ainsi au long terme, compte tenu le changement géopolitique constant, cela constitue un point d'interrogation.

Il va de soi qu'au moyen et long terme le succès des réformes dépendra de la capacité du régime iranien de se reformer profondément dans le domaine politiques et macroéconomiques et de mettre fin à son isolement international.

Les Défis Géopolitiques

Après les chocs pétroliers des années 1970s, qui ont sérieusement menacé la sécurité énergétique de l'Occident, le monde occidental a essayé de s'immuniser contre une telle pénurie, d'une parte par *une diversification ses sources d'approvisionnement du pétrole* et d'autre parte par intensifier les recherches sur *d'autres formes d'énergie* et une plus efficace consomption d'énergie.

En ce qui concerne le primer objectif, c'est à dire la diversification de l'offre pétrolier mondial, l'on peut constater une amélioration importante dans la mesure qu'aujourd'hui le marché pétrolier mondial est beaucoup plus diversifié, ce qui n'était pas le cas avant les chocs pétroliers des années 1970s.

Il convient donc s'interroger sur les raisons pour lesquelles cela a été rendu possible. Le problème principal confronté par les occidentaux, a toujours été des coûts relativement hauts de développement des nouvelles sources du pétrole par apport à ceux des pays membres de l'OPEP.

Néanmoins, grâce à la politique de L'OPEP pendant les dernières décennies, c'est à dire, en s'abstenant de développer leur capacité de production, alors qu'ils jouissent des coûts de développement le plus bas par rapport aux autres producteurs du pétrole, leur capacité de production n'a pas augmenté de manière significative depuis les années 1970. Cela avait poussé les prix au-dessus de prix de concurrence et donc a permis aux pays occidentaux de développer de nouvelle source du pétrole, ce qui n'a pas été rentables en situation concurrentielle. Aujourd'hui le marché pétrolier mondial est techniquement et économiquement beaucoup intégré et le marché fait émerger anonymement un prix mondial unique qui équilibre offre et demande.

Il est vrai, que, la sécurité énergétique occidentale *(et les pays consommateurs en générale)* est liée à une diversification de l'offre pétrolière mondiale.[8] Donc l'objectif reste de créer les conditions d'une diversification durable de l'offre pétrolière mondiale. Le problème est que compte tenu du fait

---

[8] Selon certains analystes, l'invasion américaine de l'Irak a conduit à une dynamique concurrentielle entre les producteurs pétroliers du Golf, qui va bouleverser le système énergétique mondial et va aboutir aux baisses des prix et une ré-concentration de l'offre pétrolière mondiale sur le Moyen Orient.

que presque 70% des ressources prouvé du pétrole et du gaz naturelle se trouvent au Moyen-Orient la tendance actuelle de la consommation, qui parle d'une augmentation importante dans les années qui viennent, vont forcément conduire à une ré-concentration de l'offre énergétique mondial sur le Moyen-Orient.

Une autre région qui a attiré beaucoup d'intérêt, après la fin de la guerre froide, est *la mer Caspienne* qui semble contenir des réserves importantes du pétrole et gaz naturel. Les sociétés pétrolières mondiales sont en train de mettre en place les infrastructures nécessaires pour que cette région puisse être connecté au marché mondial du pétrole.

Il y a quatre routes principales pour transférer le pétrole Caspienne vers le monde extérieur :

1. Via l'Iran, qui est la solution la moins cher, mais dû les relations tendues entre le régime iranien et les Etats-Unis n'est pas envisageable pour l'instant ;

2. Via Afghanistan-Pakistan, qui pour les raisons sécuritaires et manque de stabilité dans les deux pays n'est pas idéal ;

3. Via la Russie, pas acceptable ni pour l'Occident, ni pour les pays exportateurs de cette région qui évitent trop dépendance à la Russie

4. Via Géorgie-Turquie-Mer Noir, la solution préférée des Américains, mais plus cher et pas 100% sécurisé dû l'instabilité en Géorgie.

Plusieurs consortiums furent mis en place par les sociétés pétrolières et les pays de la région. Voici quelques exemples :

I. Caspian Pipeline Consortium (CPC), dont 50% appartient à la Russie, le Kazakhstan et l'Oman et l'autre moitié à huit compagnies pétrolières comme Exxon-Mobil, Chevron, Lukoil, Arco (américaine acheté par BP). Ce pipeline avec la capacité de 1,3 moi b.p.j va transférer le pétrole du Kazakhstan via la Russie vers la mer Noir.

II. Azerbaijan International Operating Co. (AIOC) avec la participation de BP pour de transférer (1 mio b.p.j) le pétrole Azerbaïdjanais de Baku vers Tiflis en Géorgie et de-là vers la porte BTC en Turquie dans la Méditerranée

III. Une étude par Total (commandé par Kazakhstan) pour examiner la possibilité d'exporter le pétrole de Kazakhstan vers le nord de l'Iran et en l'échangeant avec l'exportations iraniennes via le Golfe Persique.

En bref, dans les années qui viennent, le pétrole et le gaz naturel constitueront les premiers éléments du système énergétique mondial. Cela explique l'importance stratégique de l'Iran, puisque le pays se situe entre les deux centres principaux d'approvisionnement d'énergie mondial.

La position stratégique de l'Iran

Pour une meilleure compréhension de ce sujet, il conviendrait de le mettrons dans une perspective historique, en commençant avec l'ère de *Guerre froide* et après via un regard sur la situation depuis la fin du conflit Est-Ouest, marqué par la chute du mur de Berlin.

Pendant la guerre froide l'Iran était très important pour l'Occident, principalement dû sa longue frontière avec l'Union soviétique *(2000 km la terre - et 650 km d'eau)*. Pour l'Union soviétique, l'Iran était le seul obstacle pour son accès au golfe persique et ainsi le contrôle du flux d'énergie (70 %) à l'Occident.

Le flux libre d'énergie vers l'Occident et l'évite de l'utilisation du pétrole comme l'arme, *(ce qui est totalement inacceptable pour l'Occident)*, furent les composants principaux de la politique étrangère américaine dans le Moyen-Orient. C'est pour cela, que l'Occident et les États-Unis en particulier ne sont jamais resté indifférent à la situation politique interne en Iran et ils ont tout fait pour éviter que l'Iran tombe dans les mains des Russes. Le coup d'état américano-britannique en 1953 et le retour de Shah au pouvoir est un exemple de cette stratégie.

La révolution Islamique de 1979 et la chute du *Chah d'Iran*[9] changeait la situation radicalement et deux incidents étaient sur le point de changer l'équilibre des forces en faveur des Russes, l'invasion soviétique de l'Afghanistan[10] et l'invasion irakienne de l'Iran. C'est pour ça, qu'au début de la guerre, l'Occident était d'une façon ou d'une autre contre une victoire irakienne, mais plus tard comme les Iraniens avaient réussi à pousser les Irakiens en arrière, l'Occident poursuivait *une stratégie de double endiguement* selon laquelle ni l'Irak ni l'Iran ne devaient gagner la guerre. Cela s'explique entre autres par les relations tendues entre les Etats-Unis et l'Iran, surtout en raison de la prise en otage des diplomates américains à Téhéran,

Après l'échec des démocrates à la présidentielles et l'arrivée de Ronald Reagan à la Maison Blanche en 1980 les Etats-Unis lançaient une course aux armements complète qui menait à la défaite de l'Union soviétique. La fin de la guerre froide en 1991 et la désintégration de l'Union soviétique dans 15

---

[9] Il y a eu beaucoup de spéculations sur les raisons réelles pour la révolution iranienne. Certains suggèrent que la doctrine célèbre de Dulles, la soi-disant «la ceinture verte» qui visait à utiliser le fondamentalisme Islamique comme une arme contre le communisme ait mené à la chute du Chah, tandis que d'autres nomment des facteurs comme, la maladie du Shah (cancer), la déstabilisation macroéconomique du pays par les projets d'investissements ambitieux, une mauvaise prise en compte des problèmes sociaux et le manque d'une opposition laïque en Iran, comme les raisons principales pour l'arrivé des mullahs au pouvoir en Iran.

[10] Désormais seulement 500 km de désert séparait l'armée Rouge du golfe persique.

républiques indépendantes changeait complètement l'équilibre des forces dans le monde et se traduisait par deux changements importants :

1. Il a rendu les Etats-Unis la seule superpuissance mondiale

2. Il a mené à l'arrivée de nouveaux producteurs comme la Russie et le Kazakhstan au marché pétrolier, qui jusqu'à là a été dominé par l'OPEP.

Malgré le fait qu'une diversification du côté d'approvisionnement a réduit l'importance du Moyen-Orient comme le fournisseur principal de l'énergie au monde, cela reste une région stratégiquement importante à l'Occident, puisque le pétrole et le gaz, dans l'avenir prévisible, resteront les sources principales d'énergie. En ce qui concerne l'Iran, la nouvelle situation a augmenté l'importance stratégique du pays, puisqu'il se trouve entre les deux principales régions pétrolières du monde, *le golfe persique et la mer Caspienne.*

Pour mieux comprendre les implications de cette nouvelle situation pour l'Iran, il conviendrait d'examiner les joueurs majeurs du monde et leur importance pour l'Iran, en termes de leurs menaces ou leurs contributions aux aspirations iraniennes.

Le point de départ de telle analyse sera l'histoire du pays en question, ses caractéristiques socioéconomique et ses intérêts stratégiques au long terme. En jetant un regard sur l'histoire de ses relations avec l'Iran et ses intérêts communs ou éventuellement ses conflits d'intérêt avec l'Iran, nous allons détecter les alliées potentielles de l'Iran dans le nouvel ordre mondial.

Les relations irano-américaines

Les États-Unis d'Amérique, le pays le plus riche et le plus puissant du monde devint la superpuissance unique du monde après l'effondrement de l'USSR. En consacrant moins de 3.5 % de son produit intérieur brut sur la recherche et le développement militaire, les Etats- Unis ont bâti une capacité militaire immense et indiscutable, ce qui leur permettent indépendamment d'effectuer des opérations militaires dans le monde entier.

Compte tenu la situation actuelle du monde, du moins à court et moyen terme, il n'y aura aucune menace réelle à la suprématie militaire et économique des Etats-Unis. Cela dit, comme dans le passé, où l'apparition d'une nouvelle puissance coloniale fut compensée par une alliance entre les autres puissances principales, aujourd'hui nous assistons à une possibilité d'une telle alliance entre la Russie et la Chine qui pourrait à long terme menacer la prédominance américaine.

En profitant de sa position unique, Les Etats-Unis sont en train de consolider leur position et leur présence militaire partout dans le monde, même dans l'ancienne région soviétique, particulièrement dans le Caucase et l'Asie centrale.

Depuis le 11 septembre 2002, l'Amérique a accéléré ce processus et s'est engagée à une nouvelle doctrine, la doctrine fameuse de *Paul Wolfowitz*, préconisant les frappes préventives, qui ont comme but d'éliminer de n'importe quel ennemi potentiel des intérêts stratégiques des Etats-Unis dans le monde. Cela fait la guerre globale contre le terrorisme et contre la prolifération des armes de destruction massive des objectifs principaux de la politique étrangère américaine dans les années à venir.

Si l'on jet un œil sur l'histoire récente des Etats-Unis, le fait qu'ils aient battu deux guerres mondiales *(même-s'ils n'étaient pas directement agressé)* ainsi que quelques-unes plus petits comme *la guerre de Coré* et celle du *Vietnam*, démontre la détermination des Etats-Unis à s'engager dans la guerre, chaque fois qu'il a estimé que ses intérêts stratégiques sont en jeu. En bref, l'on pourrait s'attendre à l'intervention militaire du côté américain dans les cas suivants :

1. En cas d'une attaque militaire / terroriste directe sur son sol. Le 11 septembre 2001, les Etats-Unis étaient pour la deuxième fois pendant ses 246 ans d'histoire, attaquée sur leur propre sol par des forces étrangères.[11] Cela démontre la signification des événements du 11

---

[11] La première fois, c'était l'invasion japonaise de Port de Perle Harbour en 1941.

septembre 2001. Pour la première fois, l'Amérique s'est sentie vulnérable contre des attaques terroristes sur son propre sol et cela semble les avoir beaucoup traumatisés.

2. N'importe quelle menace réelle à ses intérêts vitaux comme par exemple la sécurité énergétique occidentale. Le libre flux d'énergie vers l'Occident et les Etats-Unis en particulière est un intérêt vital des Etats-Unis et ils ne toléreront pas d'utilisation du pétrole comme l'arme. La première guerre du Golfe est un exemple de cette préoccupation américaine pour la sécurité énergétique de l'Occident.

3. En cas d'une menace réelle de l'existence d'Israël. Depuis sa création en 1949, toutes les administrations américaines se sont engagées à la sécurité de l'Israël et en cas d'une menace réelle, les Etats-Unis n'hésiteront pas à protéger l'état juif. Pour l'instant, compte tenu la faiblesse générale du monde arabe et le monopole nucléaire de l'Israël au Moyen-Orient, une telle intervention militaire de la parte des Etats-Unis semble très éloignée.

En ce qui concerne *les relations irano-américaines*, malgré du fait que l'Iran aux yeux des Américains, fait partie de l'axe du Mal, l'antiaméricanisme iranien est un mythe et les Iraniens en tant que peuple sont très *américanophile*.

Cette américanophilie iranienne puise ses racines dans l'histoire relativement court des relations irano-américaine, qui a commencé réellement après la deuxième guerre mondiale.

Au contraire des Russes et les Anglais qui jouissent d'une mauvaise réputation chez les Iraniens à cause de leur passé colonial et leur rôle déstabilisante dans le pays surtout pendant le XIX siècle, les Américains jouissent une image plutôt positive dans les spirites iraniens est l'Amérique a toujours été associée aux valeurs comme liberté, progrès et prospérité.[12]

La situation est très différente pour l'Iran officiel, c'est-à-dire le gouvernement iranien et les islamistes. Les principaux groups anti-américains en Iran, ce sont les gauchistes et les intégristes. L'antiaméricanisme de la gauche iranienne comme ailleurs n'a pas besoin d'être expliqué mais en ce qui concerne les islamistes la haine *d'Ayatollah Khomeini (le leader de la révolution)* envers les Etats-Unis s'explique d'une parte par *leur appui au régime du Chah et d'autre parte par la politique pro-israélienne des Etats-Unis.*

---

[12] Une seule exception fut le rôle joué par les Américains dans le coup d'état de 1953 où le gouvernement populiste de M. Mossadegh fut renversé et remplacé par un gouvernement pro-américain. Comme un geste amical et réconciliant, l'Amérique (Madeline Albright le secrétaire d'état de l'administration Clinton) s'excusa pour le rôle joué par les Etats-Unis dans cette affaire.

Malgré de nombreux efforts pour une réconciliation entre les deux gouvernements, surtout par l'administration de *Clinton*, les relations irano-américaine reste tendu et tant que le régime actuel de l'Iran continue à s'opposer à la politique des Etats-Unis au Proche-Orient, particulièrement son opposition au processus de paix entre Israël et les Palestiniens; son soutien présumé aux groupes terroristes et la poursuite présumé d'un programme nucléaire, il n'y aura aucun espoir de normalisation des relations entre les deux pays.

A cela s'ajoute la méfiance profonde du *Guide Suprême de l'Iran (Ayatollah Khamenei)*, envers les administrations, ce qui explique son opposition catégorique à une telle normalisation.

D'un point de vue stratégique, autant que les intérêts nationaux iraniens à long terme sont concernés, il n'y a aucun conflit d'intérêt entre un Iran libre et démocratique et les Etats-Unis. Les Etats-Unis et l'Iran sont des alliés naturels. Etant entouré par des puissances *nucléaires (la Russie, le Pakistan, l'Inde, la Chine, l'Israël et la Turquie (via l'OTAN))*, l'Iran aurait besoin de la protection des Etats-Unis et une telle alliance équilibrerait aussi les rapports de forces dans la région en faveur de l'Iran.

Les Etats-Unis peuvent aussi fournir l'Iran de la technologie et du capital. Compte tenu sa présence et influence dans toutes les organisations importantes mondiale comme la

Banque Mondiale, le FMI et l'OMC, les Etats-Unis pourraient être très utiles pour le développement de l'Iran.

Les relations irano-russes

Depuis 1991, la Russie est devenue l'ancienne superpuissance mondiale, mais toujours en possession d'une technologie militaire et spatiale considérable. Après plusieurs décennies de tensions internes et quelques réformes, la Russie n'a pas encore réussi à construire un system économique dynamique et le capitalisme russe est d'un caractère monopoliste et oligarchique.

En ce qui concerne la corruption, sur une échelle mondiale, selon *l'institut Transparency International (l'année 2021)*, manque d'efficacité et transparence et une corruption chronique mettent la Russie à une *136ème* place même en dessous des pays comme le Mexique (124ème) et la Romani (66ème). Autrement dit, pour atteindre le niveau des pays occidentaux en matière d'économie, il lui reste encore beaucoup à faire.

Après l'effondrement de l'Union soviétique en 1991, les Américaines ont réussi d'intégrer la plupart des pays de l'Est dans l'OTAN y compris les pays baltiques comme la Lituanie, la Lettonie, l'Estonie. C'était D'ailleurs la continuation de cette politique expansionniste de l'OTAN qui a fait déborder la vase et a conduit à la guerre en Ukraine.

Très probablement, la réaction de la Russie ou plutôt sa passivité initiale face à l'élargissement de l'OTAN vers ses frontières occidentales s'explique premièrement par sa faiblesse générale à l'époque ainsi que sa dépendance de l'aide financière et technologique de l'Occident.

De toute façon, étant moins inquiète pour la sécurité de ses frontières occidentales, la Russie pourrait se concentrer sur ses frontières du sud et de l'est. En plus, une telle assurance sécuritaire lui permettait de réduire son budget de défense et miser sur le développement économique, créer une armée professionnelle, stabilisée la situation intérieure en mettant une fin aux mouvements séparatistes comme celui en Tchétchène et renforcer sa présence militaire sur sa longue frontière avec la Chine.

Aujourd'hui (2022), trois décennies plus tard la donne a complètement changé et la Russie se trouve dans une nouvelle guerre froide avec l'Occident. Il s'agit d'une opportunité ratée pour l'Occident qui pourrait intégrer la Russie dans son camp. Malheureusement les russophobes occidentaux ont empêché une telle réconciliation et en poussant les frontières de l'Otan de plus en plus ont créé les conditions pour une nouvelle guerre froide.

La politique russophobe de l'Occident a ainsi isolé et marginalisé le camp des pro-occidentaux (*Tolstoï*) en Russie, et en quelques sorte poussé Poutine dans les bras de *Dostoïevski*. Ce dernier était méfiant, voire hostile à l'Occident, qu'il considérant sans âme, corrompu et mauvais et un modèle à combattre à tout prix.

En ce qui concerne *les relations irano-russes,* les Russes ont toujours été présente dans l'histoire de l'Iran et l'influence russe dans la vie politique iranienne peut être tracée au 19ème siècle où une rivalité féroce entre les Anglais et les Russes était le facteur le plus déstabilisant pour l'Iran.

L'Iran et la Russie ont battu deux guerres après lesquelles les Russes ont annexé 3438 km de territoire iranien.

Avec *la révolution bolchevique* en Russie (1917), et la renonciation de la politique étrangère de l'empire russe par Lénine, les Iraniens croyaient que c'était la fin de l'intervention russe dans les affaires iraniennes, mais *Staline* poursuivait la même politique sous un autre nom celui de *l'internationalisme du socialisme.* Après la deuxième guerre mondiale il ne voulait pas évacuer le nord de l'Iran *(la provins d'Azerbaïdjan),* mais enfin sous la pression américaine *l'Armée Rouge* quitta l'Iran en 1942.

Cela ne fut pas la fin de l'ingérence russe dans les affaires interne de l'Iran et désormais la force majeure de la gauche iranienne , *Hezb-e-Toodeh (le parti communiste de l'Iran)* fut le levier principal de l'influence russe dans le pays. La politique pro-russe de ce parti et son influence considérable sur la scène politique iranienne inquiétait beaucoup l'Occident qui d'ailleurs n'était pas du tout contente du gouvernement populiste de *Mossadegh.*

Ces événements conduisaient au *coup d'état de 1953* visés à la fois de résoudre la crise pétrolière provoquée par la nationalisation de l'industrie pétrolière iranienne par le gouvernement populiste et garder l'Iran dans le camp de l'Occident.

Malgré sa méfiance envers les Russes, le Chah de l'Iran poursuivait une politique prudente par rapport aux russes et les relations économiques restaient sur un niveau normal.

Après la chute du Chah d'Iran en 1979, les Russes essayaient encore d'influer les développements politiques de l'Iran et profiter de l'antiaméricanisme des islamistes autour d'*Ayatollah Khomeini.* Cette fois-ci aussi c'était via leur alliée, c'est à dire les dirigeants de *Hezb-e-Toodeh (le parti communiste),* qu'ils voulaient éloigner l'Iran des Etats-Unis et consolider leur base de pouvoir en Iran. Néanmoins, les choses ne se déroulèrent pas comme les Russes avaient prévu et en 1982-83, les arrestations massives des membres et les dirigeants de Hezb-e-Toodeh mettaient fin, au moins tempérèrent aux aventures russes en Iran.

Malgré cet épisode, dû les sanctions imposées par les Etats-Unis sur l'Iran et compte tenu le besoin d'armement pendant la guerre avec Irak (1980-1988), les pays de l'Est et la Russie en particulière fut partie des fournisseurs des armements à l'Iran.

Depuis l'effondrement de l'empire soviétique en 1991 et la confirmation des Etats-Unis comme la seule superpuissance mondiale, les relations irano-russe ont été très ambivalentes. D'une parte la Russie considère l'Iran comme un partenaire commerciale intéressante et une bonne monnaie d'échange dans leurs différends avec l'Occident, mais d'autre parte à long terme une menace contre stabilité intérieure de la Russie surtout en ce qui concerne sa population musulmane. Autrement dit, les Russes ont misé sur leur seul avantage comparatif, c'est à dire l'industrie militaire et continuée à vendre des armes et la technologie nucléaire à l'Iran , et d'autre part ils méfient l'ingérence iranienne dans les mouvements séparatistes d'un caractère islamiste comme celui en Tchétchène et donc voient l'Iran comme une menace au long terme.

La politique de Poutine en Caucase et ailleurs montre une détermination russe de garder son influence en Asie centrale et le Caucase. Compte tenu de l'influence historique et culturelle de l'Iran dans ces deux régions, l'on peut s'imaginer les rivalités entre l'Iran et la Russie dans les années qui viennent.

Un autre sujet sensible qui peut perturber les relations irano-russe est la distribution de la mer Caspienne et ses gisements présumé du gaz et du pétrole entre les cinq pays qui l'entoure. Avant l'effondrement de l'Union soviétique l'Iran avait 20% de la mer mais après la création des états indépendants comme *Azerbaïdjan, Turkménistan, Kazakhstan,* l'Iran a à faire avec quatre pays qui ne pas forcément partage la position iranienne. L'Iran soutien une résolution multilatérale basée sur 20% à chaque pays, mais les autres pays via les accords bilatéraux ignorés cette demande iranienne.

La Russie en utilisant sa force militaire a réussi à imposer ses avis et a signé des accords bilatéraux avec ses voisins. N'ayant pas le même pouvoir que les Russes, l'Iran se trouve dans une situation difficile et malgré les menaces militaires effectuées par sa marine, il n'a pas encore atteint son objectif.

En bref, la question Caspienne et la diffusion de l'intégrisme dans le sud de la Russie sont les facteurs déstabilisants dans les relations irano-russes. Les intérêts stratégiques communs des deux pays, c'est à dire la paix et stabilité dans la région exigent une coopération constructive entre la Russie et l'Iran.

La paix et stabilité dans la région mise à part, les divergences transcaspiennes font que *la Russie ne peut pas être une alliée naturelle de l'Iran* et les relations commerciales actuelles entre les deux pays ont un caractère ad hoc et ne tiennent pas d'une alliance stratégique au long terme. Néanmoins, l'antagonisme russo-occidental actuel et les sanctions américaines contre le régime iranien ont conduit à un rapprochement des deux pays, dans un monde de plus en plus multipolaire.

Les relations sino-iraniennes

Une puissance émergente qui a le potentiel de devenir la plus grande économie mondiale dans les années à venir. Depuis 1979 les Chinoises ont fait preuve de détermination et de sagesse pour atteindre leur objectif principal, c'est à dire leur réelle place dans la communié internationale.

Ayant pris une leçon des reformes politiques russes, et en s'abstenant de réformer leur système politique et en donnant la priorité au développement économique du pays, ils ont réussi, plus ou moins jusqu'à maintenant, de maintenir la stabilité intérieure du pays. Néanmoins, selon les critiques du régime chinois, en ignorante les reformes politiques, ils ont fait un choix stratégique risqué au long terme. Autrement dit, le décalage de phase entre la croissance économique et la démocratisation du système politique pourrait au long terme déstabiliser le pays. Si la Chine réussit ce défi majeur, l'on peut espérer que la Chine prendra une place dans le cours des grandes au 21ème siècle.

Sur le plan économique, il lui reste encore beaucoup à faire, puisqu'ils ont retardé les phases les plus difficiles des reformes, c'est à dire celles de la privatisation des entreprises publiques qui emploient plus que 55 millions personnes et l'ouverture totale de son économie à la compétition internationale. Un autre défi est d'équilibrer la croissance économique géographiquement pour à la fois permettre aux régions loin et plus pauvres du pays de profiter de la croissance et freiner l'immigration massive vers l'est du pays, qui est le centre dynamique de l'économie chinoise.

Compte tenu les conflits territoriaux sino-russe dans le passé, il est probable que dans l'avenir la Chine, afin de nourrir sa population et garantir la croissance économique, sera obliger d'étendre sa sphère d'influence vers le Nord et les régions inhabitées de la Russie, ce qui reste un facteur d'incertitude dans sa relation avec la Russie.

Quant aux *relations sino-iraniennes*, elles ont toujours été amicales mêmes sous le régime du Chah. Après la révolution et l'isolation internationale de l'Iran, la Chine était un fournisseur important des armements et la technologie pour l'Iran. Dans le même registre, les deux pays ont décidé d'approfondir leurs liens économiques par le biais d'un accord dit *"China Iran 25-year deal"*, à savoir un accord de 25 ans *(signé le 24 juin 2020 à Pékin)*, par lequel la Chine doit investir 400 milliards de dollars US dans l'économie iranienne sur cette période en échange d'un approvisionnement régulier et fortement décoté en pétrole en provenance d'Iran.

D'un point de vue géopolitique, la seule préoccupation des Chinois dans leurs relations avec le régime islamiste iranien serait la possibilité *d'une diffusion d'un islam politique* parmi les musulmanes chinoises, principalement habité dans l'ouest du pays.

En ce qui concerne les intérêts stratégiques de l'Iran, la *Chine est une alliée naturelle de l'Iran*, pour plusieurs raisons. Il n'y a aucun conflit d'intérêt entre les deux pays et ils sont tous les deux préoccupé par le développement de leurs économies, ce qui rendre la paix et la stabilité nécessaire pour eux.

Pour l'Iran, une alliance sino-iranienne peut constituer un contrepoids à la prédominance occidentale et donc d'une importance stratégique pour les intérêts iraniens. En plus la Chine est une source de la technologie bon marché et du savoir-faire pour l'Iran.

Les relations irano-indiennes

L'Inde est la plus grande démocratie du monde avec un problème chronique de pauvreté. Elle a été dirigée par le *parti du Congrès* pendant des années et *les politiques quasi-socialistes* de ce dernier ont marqué l'économie indienne profondément. Comme les autres pays en voie de développement, depuis son indépendance l'Inde poursuivait une *politique de substitution d'importation* visant à autosuffisance, ce qui s'avérait non-efficace et forçait les Indiens de changer cours vers l'économie de marché et libéralisation du commerce.

Par rapport à la Chine, l'Inde commençait ses réformes économiques relativement tard, néanmoins il a réussi à construire une position compétitive dans les industries de l'informatique et de services en général.

Malgré son retard en matière d'économie par rapport à la Chine, dans le domaine des reformes politiques, il n'a pas des soucis chinoises, puisque c'est une démocratie. Parmi les autres avantages de l'Inde par rapport aux chinoises, est la maîtrise de la langue anglaise par une grande partie de sa population, ce qui est un avantage compétitif considérable, compte tenu l'importance croissante de l'anglais dans le monde des affaires internationales.

Il y a et il y aura une compétition dure entre l'Inde et la Chine pour attirer les investissements étrangers (*IDE*) et la dominance dans la région. Au domaine politique aussi l'on peut constater une rivalité accrue qui se manifeste parmi d'autres par l'aide chinois au Pakistan et l'aide indien au Dallai Lama.

Pendant la guerre froide l'alliance indou-russe contre la Chine faisais la Russie la principale fournisseuse des armements à l'Inde. Après la fin de la guerre froide, l'appui militaire russe a été remplacé par une alliance avec les Américains qui veulent endiguer la Chine.

De nos jours (2022), dans un monde incertain et de plus en plus multipolaire, l'Inde joue un jeu d'équilibre qui consiste à éviter toute alliance profonde avec les superpuissances du monde. Toutefois, elle entretient des relations commerciales et diplomatiques mesuré avec les Chinois, les Russes et les Américains.

En ce qui concerne la situation politique intérieure de l'Inde, l'arrivé au pouvoir des nationalistes hindou (*BJP*) a marqué la fin du monopole du *parti du Congrès*. Créé en 1980, le BJP *(Bharatiya Janata Party - parti populaire indien)*, est un parti de droite nationaliste hindou considéré comme l'aile politique du *Rashtriya Swayamsevak Sangh (RSS)*.

Il s'agit pourtant d'un développement alarmant, à savoir la montée de l'ultranationalisme hindou. La montée des tensions créées par les milieux ultranationalistes proches du gouvernement peut devenir un frein aux réformes économiques dont l'Inde a besoin.

Il est à noter que les hindous représentent 80 % de la population indienne, contre 13 % pour les musulmans. Depuis la victoire de *Narendra Modi* les ultranationalistes hindous fleurissent en Inde et selon eux les Indiens musulmans ou chrétiens étaient historiquement hindous et doivent revenir à leur foi d'origine.

Il s'agit d'une théorie émanent de la mouvance idéologique du nationalisme hindou, baptisée « *Hindutva* », à savoir la *doctrine de la suprématie hindoue* incarnée dans le *Rashtriya Swayamsevak Sangh (RSS)*, une organisation qui défend la thèse selon laquelle l'Inde est une nation hindoue et en conséquent cette religion doit imprégner les institutions, et les minorités religieuses, les musulmans et les chrétiens, doivent s'y plier.

Pour certains l'intégrisme hindou d'aujourd'hui est un *héritage de trois siècles de colonisation anglaise*. En d'autres termes, afin d'asseoir sa domination, l'appareil colonial joua de tous les antagonismes qui pouvaient exister au sein de la société indienne. A cela s'ajoute *le vieux système des castes*, à savoir une espèce de division sociale du travail dans la société indienne datant des siècles auparavant.

Selon ce récit anticolonialiste, le colonialisme britannique ne fit rien pour combattre les injustices liées au système des castes, mais il le renforça en donnant un caractère légal à certains privilèges. Il s'en servit comme d'un instrument de contrôle social, creusant entre les castes un fossé de haine si profond qu'elle demeure même aujourd'hui.

Les détracteurs du colonialisme anglais vont jusqu'à l'accuser d'avoir procédé à des déplacements massifs de population, parfois pour mater un groupe ethnique plus rétif que les autres, ou simplement pour disposer d'une main-d'œuvre docile, mais toujours avec pour résultat de creuser des antagonismes entre les peuples qu'il manipulait ainsi.

En ce qui concerne les musulmans et les hindous, la bourgeoisie britannique aurait joué ces deux communautés l'une contre l'autre, faisant mine de favoriser la minorité musulmane pour s'en faire une alliée tout en préservant la domination sociale des hautes castes hindoues.

Aujourd'hui (2022), la base sociale de l'intégrisme hindou semble s'être élargie et ne se limite pas à la petite bourgeoisie indienne mais elle inclue aussi les couches plus pauvres de la population. Cela a rendu l'Inde en une poudrière, sociale, religieuse, ethnique, qui peut exploser à tout moment.

L'ultranationalisme hindou mise à part, les plus grands défis de l'Inde dans les années qui viennent sera la pauvreté est la préservation de sa stabilité intérieure, surtout compte tenu la minorité musulmane (200 millions) du pays. Le conflit du Kashmir est aussi un défi majeur de l'Inde, puisqu'il a conduit à trois guerres avec le Pakistan.
Si l'Inde arrive à maîtriser ces défis, l'on peut compter sur l'Inde comme une puissance régionale importante et un joueur majeur sur la scène politique internationale au 21e siècle.

En ce qui concerne *les relations irano-indienne,* il est à noter qu'historiquement les Perses et les Indiens ont un prédécesseur commun, c'est à dire *les aryennes* qui habitaient dans le sud des montagnes d'Orales au sud de la Russie et immigraient vers le sud et sud-est.
L'Inde faisait partie de l'empire perse pendant des années et l'histoire commune des deux pays et leurs affinités culturelles créent les conditions idéales pour une coopération accrue entre eux.

L'Inde comme la Chine possède une main-d'œuvre qualifiée et moins cher et un savoir-faire important dans le domaine de technologie d'information et électronique.

D'un point de vue géopolitique, l'Inde peut être considéré comme *une alliée naturelle pour l'Iran*, puisqu'ils ont des intérêts communs tell que stabilité, la sécurité et le développement économique. L'Inde est un marché attractif pour les produits iraniens, qui ont du mal à pénétrer les marchés sophistiqués de l'Occident.

Face à la menace nucléaire du Pakistan à l'est et la prédominance russe au Nord, une alliance irano-indienne est d'un important stratégique pour l'Iran. En bref, il n'y a aucun conflit d'intérêt entre un Iran démocratique et laïque et l'Inde et les deux pays ont beaucoup des intérêts communs.

Les relations avec l'Union Européenne

En tant que le troisième pôle économique mondial, l'UE jusqu'à présent était plutôt une puissance économique, mais de plus en plus, elle s'affirme comme un acteur mondial majeur, toute en s'alignant prudemment sur la ligne des Américains.

Cela dit, au sein de l'UE, il y en a aussi les Européens convaincus qui cherchent à créer une Europe plus indépendante vis-à-vis des Etats-Unis. C'est pour ça qu'après l'effondrement de l'Union soviétique et la confirmation des

Etats-Unis comme superpuissance unique, l'Europe accéléra son processus de l'intégration en grand partie afin de construire un contrepoids à d'autres puissances mondiales, à savoir la Chine et la Russie. Aujourd'hui (2022), l'Union Européenne comprend 27 pays, couvre plus de 4 millions de km² et compte 447,7 millions d'habitants, à savoir démographiquement plus peuplé que les Etats-Unis avec 330 millions d'habitants.

La philosophie initiale derrière la création d l'Union Européenne était la paix et la stabilité en Europe, mais maintenant il s'agit plutôt de faire de l'Europe l'égale des Etats-Unis et de rendre l'Europe autonome.

La plupart des pays européens partagent ce souci d'égalité et d'indépendance mais aucun entre eux ne l'exprime avec plus d'enthousiasme que la France. Cela avait fait de la France dans les opinions publiques américains l'obstacle principal à un consensus transatlantique. Cependant, depuis l'arrivé au pouvoir de Nicolas Sarkozy et les gouvernements suivants, la France est devenue une alliée *plus fidèle* des Etats-Unis.

Cela étant, *les doutes américains* sur l'Europe en générale et la France en particulier ont fait que malgré des manifestations européennes de soutien aux Etats-Unis, la fiabilité de ces alliées européennes à long terme constitue un point d'interrogation pour les Etats-Unis. Cette méfiance envers l'UE s'est confirmée pendant la guerre en Iraq et à cause de l'alliance implicite de la France avec la Chine et la Russie au sein du Conseil de Sécurité de l'ONU.

Depuis *les francophobes américains* préconisent une alliance entre les Etats-Unis et les pays de l'Europe de l'Est. Selon eux la direction exclusive de l'intégration politique en Europe est l'antiaméricanisme et le projet d'une politique commune de défense impliquerait la fin de l'Otan.

La position américaine envers l'Europe de la défense est ambivalente. Pour eux, il serait préférable de s'assurer que l'Europe se renforce à l'intérieur de la structure de l'Alliance. Mais tant que cette condition n'est pas garantie, une Europe plus faible et moins unie reste préférable aussi longtemps qu'elle reste dévouée à l'Otan. En bref, les Américains réfère une Europe unie mais jusqu'à certain point seulement, forte mais pas trop forte, qu'elle s'exprime avec plus de confiance mais avec un accent anglo-saxon prononcé.

Pourtant, pendant longtemps, la majorité des gouvernements européens n'ont pas voulu augmenter leurs budgets de défense et moderniser leurs armées, ce qui signifie que leur capacité à mener des actions militaires indépendantes a peu de chances de voir le jour dans les prochaines décennies. La guerre en Ukraine semble avoir changé cette tendance et a conduit à une certaine prise de conscience de l'importance du projet de défense européen.

Quant aux *relations entre l'Iran et l'Union Européenne*, après la révolution islamique (1979) et la détérioration des relations irano-américaines l'Europe et le Japon prirent la place des Etats-Unis en tant que fournisseurs principaux de la technologie et marchandise à l'Iran.

Comparé aux Etats-Unis, la position de l'Union Européenne à l'égard de l'Iran a été plutôt conciliantes et face au théocratie iranien l'Europe préconise la dialogue et l'engagement et est contre la confrontation et les sanctions comme exigé par les Américaines.

Les européennes espèrent que l'appuie international aux réformateurs iraniens va conduire à leur victoire et va mettre fin à la prédominance des conservateurs et les intégristes au sein du régime iranien.

Les Américaines *(surtout les faucons néoconservateur)*, après avoir essayé à plusieurs reprise cette approche, sont d'un autre avis et ne croient plus que le régime iranien soi réformable.

Le régime actuel de l'Iran a essayé en vain de profiter des divergences transatlantiques sur ce sujet et miser sur l'Europe, afin de mettre une fin à son isolement international. Mais face aux menaces américaines sur les entreprises européennes faisant du commerce avec l'Iran, ces dernières se sont retirées de l'Iran. D'une manière générale, l'Union Européenne en tant qu'une puissante économique et technologique est d'une importance évidente pour l'Iran et est une source précieuse de savoir-faire et capital pour les industries iraniennes.

De plus, il n'y a aucun conflit d'intérêt entre l'Europe et un Iran démocratique et l'Iran doit miser sur l'expansions de ces liens avec l'Union Européenne.

Les relations irano-israéliennes

En tant que la seule puissance nucléaire du Proche-Orient et la seule démocratie de la région, Israël, entouré par les états hostiles à son existence, consacre une partie importante de son budget d'état à sa défense depuis sa conception en 1949.

Le seul paradoxe d'Israël est dans *son identité religieuse (sa raison-d'être) et sa structure laïque et démocratique.* Néanmoins il s'agit d'un pays très dynamique et technologiquement très développé surtout dans les domaines de défenses, haute technologie et l'agriculture.

Sa capacité militaire (nucléaire), le soutien économique, militaire et politique *(presque inconditionnel)* des Etats-Unis et son système démocratique vont garantir sa sécurité et son existence dans un avenir prévisible.

Quant au processus de paix avec les Palestiniens, malgré ses difficultés et ses complexités, la motivation israélienne pour la paix avec les Palestiniens s'expliquait par:

1. une prise de conscience du danger qui l'instabilité et l'insécurité auront pour un développement socioéconomique durable du pays

2. l'effet négatif du budget de défense sur l'économie nationale

3. la pression politique de la parte des Etats-Unis

Cependant, *l'assassinat d'Yitzhak Rabin*, Premier ministre israélien, un des instigateurs du processus de paix entre Israël et le palestiniens le 4 novembre 1995 , paralysa le processus de paix. D'autant plus, les gouvernements conservateurs successifs en Israël depuis, ont pratiquement enterré le processus de paix. Aujourd'hui face à la menace supposée de l'Iran, la plupart des ennemis d'Israël dans la religion ont fait la paix avec l'état hébreu et la cause palestinienne semble d'être oublié, du moins pour l'instant.

Quant aux *relations irano-israéliennes,* historiquement, les relations entre les Perses et les juifs ont toujours été amicales et le premier rois perse *Cyrus le grande* avait même libérés les juifs de la prison à Babylone et les avait envoyés chez eux.

Jusqu'à la révolution islamique en 1979, l'Iran et l'Israël étaient des alliées proches et l'Israël fut une source importante de savoir-faire militaires et agricole pour l'Iran.

Après la révolution, compte tenu le caractère islamique du régime la situation se changeait 180° et à la suite de la coupure totale des relations avec l'Israël, le régime islamique prenait la partie des Palestiniens. Cette politique n'a pas changé et l'Iran figure toujours parmi les pays qui sont contre le processus de paix. Cette *palestinisassions de la politique étrangère iranienne* lui a coûté très cher et une des raisons principales pour son isolation international.

L'antagonisme irano-israéliens a pris des proportions incroyables depuis la dernière décennie où l'Israël s'est engagé à anéantir le programme nucléaire iranien, en passant par la cyberguerre et même l'assassinat des scientifiques iraniens. Dans le même registre l'état hébreu a réussi de rassembler un front anti-iranien y compris certains pays du golfe persique.

La détermination des deux partis, à savoir le régime iranien et l'état hébreu, d'aller jusqu'au bout, ne laisse pas beaucoup d'espoir pour une normalisation des relations irano-israéliennes dans un avenir proche. Pourtant, une telle normalisation est la condition sinequanone pour une paix durable et la sécurité Moyen Orient.

Les relations avec le monde arabe

Avec 22 pays et 430 mio d'habitants, dont une grande partie ont moins de 24 ans, la situation du monde arabe est préoccupante. L'Iran, en partagent 2043 km frontières de l'eau et 1609 km de terre avec cette région, sera forcément touché par les événements du monde arabe.

Il s'agit pour la totalité du monde arabe, des régimes non-démocratiques et instables avec les conflits tant intérieurs qu'extérieurs. Compte tenu que la croissance démographique dépasse celle de l'économie, l'on peut attendre une détérioration de la situation de ces pays dans les années qui viennent.

Traumatisé par les différents conflits depuis la fin de la deuxième guerre mondiale, les intellectuels arabes ont essayé de trouver une sortie de l'impasse politique et économique dans laquelle ces pays se trouvent. Le *panarabisme quasi-socialiste,* suivi par *panislamisme (Les Frères Musulmanes)* et récemment la version *wahhabite de chauvinisme arabe (islamique)*, ont été les réponses arabes aux défis du 20e siècle. Aucune d'entre eux ne s'est pas montré efficace et les problèmes s'accumulent.

Les facteurs endogènes mise à parte, la fameuse *doctrine de Dulles* pendant la guerre froide « *more green than red* » a aussi une parte de la responsabilité pour la montée de l'intégrisme dans le monde arabe et ailleurs. l'Irak, Tunisie et la Syrie mise à part , les mouvements intégristes et réactionnaires ont été toléré ou soutenu dans la plupart des pays arabes. Voici quelques exemples historiques :

Le mouvement *des frères musulmans* est à l'issue de plusieurs mouvements intégristes d'aujourd'hui. En Egypte le berceau du ce mouvement, au départ les intégristes furent réprimé par *Jamal Abdol-Naser* qui se méfiait d'eux mais après la prise du pouvoir par *Muhammad Anwar el-Sadat*, ils jouissaient une certaine liberté et *Sadat* les utilisait comme contrepoids aux gauchistes et Nasséristes, mais ironiquement il fut lui-même assassiné par ces intégristes musulmans.

Au Soudan les intégristes ont essayé à deux reprises de prendre le pouvoir, première fois sous *Jafar Nomeiri* et deuxième fois sous général *Omar Al-Bashier*, mais sans succès. Depuis après une guerre civile sanglant la sécession du Soudan du Sud (chrétien et animiste), le pays se trouve dans une impasse avec une accélération de l'islamisation du reste du pays.

En Algérie, *Chazli-Ben-Jadid* comme une mesure populiste essayait de gagner le soutien du peuple, en partageant le pouvoir avec les intégristes. Le résultat fut 15 ans de guerre et destruction. Le pays malgré ses richesses naturelles n'a pas encore trouvé le chemin de la prospérité.

En Koweït, après la révolution islamique en Iran, les dirigeants koweïtiens, comme contre mesure et pour limiter la menace chiite laissaient les intégristes libres, ce qui a considérablement augmenté leur pouvoir, autant qu'ils contredirent le décret de l'Amir destiné à donner aux femmes le droit de vote en 2005.

En Arabie Saoudite qui fut le refuge principal pour les intégristes égyptiens *(les frères musulmans)* sous le régime de

Nasser, l'on a le même problème. Etant contre *Panarabisme* de Nasser et en essayant de renforcer *Panislamisme*, les saoudites ont apportèrent un soutien important aux dirigeants des Frères Musulmanes et la plupart d'eux ils furent autorisés à enseigner dans les écoles et les universités saoudiennes. Le résultat les gens comme *Ben Laden* qui ont devenu une menace réelle au règne de la famille royale même.

Les Etats-Unis aussi considéraient *l'Islam comme un frein contre le communisme* et l'utilisait par exemple en Afghanistan contre les soviétiques. Après la fin de la guerre froide, les rétro-effets de la doctrine de Dulles commençaient à se manifester et le 11 septembre 2001 fut la culmination de ce phénomène.

Traumatisé par les événements du 11 septembres, les Américaines, déterminé dans leur lutte contre la menace intégriste et annoncèrent un changement radical de leur stratégie de défense en passant par une *reconfiguration du Moyen-Orient*. La nouvelle arme des américaines contre la montée de l'intégrisme islamique fut la démocratie et *Paul Wolfowitz* a été cité pour avoir dit : « *La démocratie est un utile ultrapuissant.*» Donc désormais, il s'agissait de démocratiser les régimes *(pour la plupart les régimes autoritaires)* de la région. L'Irak fut la première étape dans ce processus et les américaine qui parlèrent de l'effet domino, autrement dit, l'expérience irakienne (si réussite) ferait un exemple pour tous les pays de la région.

Aujourd'hui avec un peu de recul *(deux décennies depuis l'invasion de l'Iraq)*, l'Iraq se trouve toujours dans le chaos et l'histoire va montrer si les Américains avez raison. N'oublions pas qu'il a fallu près d'un siècle (1848-1921) et deux guerres mondiales à l'Europe occidentale pour se démocratiser.

 A cet égard, le pays *le plus fragile fut l'Arabie Saoudite*, qui se trouve dans une impasse politique et a une dangereux potentiel d'exploser. Les forces politiques du pays peuvent être divisé en gros en trois : *la famille royale et ses princes, les intégristes wahhabites et les réformateurs modérés.* Ces derniers ont été marginalisé pendant des années par une alliance implicite entre les deux premiers, selon laquelle en s'abstenant des réformes laïque le pays sera épargné par les attaques terroristes. Cependant, les attaques meurtrières contre les intérêts américaines en Arabie Saoudite (à plusieurs reprises) ont remise en danger l'existence du régime saoudien, ce qui marqua la fin de cette alliance implicite.

Les Américains ont mis la pression sur ses dirigeants pour réformer le système de la gouvernance en faveur des forces modérés et progressives du pays et cesser leur soutien financier aux intégristes dans le pays et à l'extérieur. Le prince héritier Mohammed ben Salmane (MBS) semble d'avoir adopté cette approche dans ses réformes depuis 2019.

Selon certains experts, la guerre en Iraq fut liée à cette incertitude américaine par rapport à leur allié saoudien. Autrement dit, les Etats-Unis étant conscient de la fragilité du régime saoudien, ont décidé d'en se désengager, ce qui peut être explique (en partie) l'opération militaires en Irak, puisque le pays offre *un repositionnement alternatif* aux Américains.

En ce qui concerne *les relations irano-arabe,* elles durent depuis le 6e siècle avec l'invasion arabe et l'islamisation de l'Iran. Malgré l'indépendance de l'empire arabe et l'adaptation du *Chiisme* comme la religion d'Etat par les *Safavides* au 16e siècles, les relation culturelles et commerciales ont existés pendant des siècles.

Sous le régime du Chah, malgré la méfiance arabe des ambitions militaires du Shah, l'Iran jouissait de bonnes relations avec ses voisins arabes.

La situation changea radicalement, après la prise du pouvoir par *Ayatollah Khomeini* en 1979. L'hostilité de Khomeini envers Saddam Hossein et les dirigeants pro-américains du monde arabe conduisaient à une détérioration des relations irano-arabe et conduisait parmi d'autres à la guerre avec l'Irak.

Le seul allié arabe de l'Iran pendant la guerre avec l'Irak fut la Syrie qui en revanche profitait de la générosité du régime iranien et recevait pétrole et d'autres aides économiques. De plus, le régime islamique de l'Iran fit la question palestinienne l'enjeu principal de la politique étrangère iranienne et faisait tout pour promettre la cause des Palestiniens.

Pourtant en ce qui concerne le leadership du mouvement Panislamique, le caractère chiite du régime a toujours constitué le handicap principal pour les éléments intégristes du régime iranien, qui se considèrent comme les gardiens de l'héritage Islamique, et qui ont toujours essayé de prendre le leadership du ce mouvement. Autrement dit, l'influence iranienne se limite aux chiites comme Hezbollah au Liban ou les chiites irakiens.

Les relations irano-turques

La Turquie d'aujourd'hui est la synthèse de la contradiction entre l'héritage de l'empire Ottoman et les idées laïques de *Moustafa Kemal Pasha (Atatürk)*.

Depuis la fin de la première guerre mondiale et l'effondrement de l'empire Ottoman, les *Pantruquistes* inspirés par les idées laïques de *Moustafa Kemal Pasha (Atatürk)*, dominèrent la scène politique du pays. Autrement dit, la Turquie fit le choix de la culture et la civilisation occidentales comme modèle. Cela changea avec l'arrivée au pouvoir en Turquie de leaders et de partis politiques d'inspiration islamiste à partir du milieu des années 1990 personnalisé par *Necmettin Erbakan,* qui occupa brièvement le poste de Premier ministre turc entre juin 1996 et juin 1997.

Cette tendance s'est stabilisée avec l'arrivée au pouvoir en Turquie en 2002 du Parti de la justice et du développement *(Adalet ve Kalkınma Partisi – AKP),* d'origine islamiste (*les frères musulmans turques).* Cela dit, le régime actuel de la Turquie, représenté par *Recep Tayyip Erdoğan,* malgré son inclination islamiste, s'inspire toujours du panturquisme d'Atatürk.

Dans le domaine de la démocratie et les réformes politiques, la Turquie est loin d'une vraie démocratie dans le sens occidentale du terme et la question kurde pèse lourde sur ses relations avec l'Union Européenne. Pourtant, dû leur désire de joindre l'Union Européenne , ils ont fait quelques concessions, surtout dans le domaine des droits de l'homme et la question kurde.

Depuis l'effondrement de l'URSS, dans le but de profiter du vide créé par le départ des Russes en Asie centrale, la Turquie a amorcé un virage stratégique. Elle a concentré son attention sur le voisinage régional immédiat, ce qui, dans un sens, a contrebalancé la politique étrangère post-ottomane de la Turquie, c'est-à-dire l'orientation vers l'Ouest.

Selon les détracteurs du Panturquisme prôné par la Turquie, elle essaie à utiliser son apparente proximité ethnoculturelle avec les nations d'Asie centrale nouvellement indépendantes pour convaincre l'Occident qu'elle pouvait à elle seule faire obstacle à l'influence croissante de la Russie et au *fondamentalisme islamique* dans ces régions. C'est pour cela que certains iraniens voient d'un mauvais œil le rôle régional et international croissant de la Turquie, estimant qu'une partie du succès de la Turquie a été obtenu aux dépens d'une diplomatie iranienne défaillante.

Quant aux *relations irano-turques*, il est à noter qu'il s'agit de deux puissances non arabes les plus importantes au Moyen-Orient. Les deux pays ont une histoire commune longue et complexe, et leurs relations bilatérales se déploient dans les champs géopolitiques, économique et culturel.

Il est à noter que l'Iran et la Turquie ne se sont pas fait la guerre depuis plus de 300 ans, ce qui s'explique par des relations d'interdépendance et d'interactions économiques et socioculturelles innombrables, renforçant les rapports de bon voisinage qui n'ont pas été affecté par les bouleversements intérieurs de chacun de ces deux pays. Ainsi, ni l'effondrement de l'Empire ottoman en 1923, et ni la révolution islamique de l'Iran en 1979, n'ont pas redéfini de façon essentielle les relations turco-iraniennes.

En fait l'arrivée au pouvoir des islamistes modérés en Turquie en 2002 semble d'avoir exercé une influence positive sur les relations bilatérales. Cela dit, il ne faut pas oublier les points de divergence entre les intérêts et les approches de l'Iran et de la Turquie, au Moyen-Orient et en Asie centrale.

En ce qui concerne *les visions iranienne et turque de l'islam* politique, elles divergent profondément et ont produit des résultats politiques différents. En d'autres termes, alors que le régime iranien prône un modèle islamique révolutionnaire visant la réduction le rôle de l'Occident au Moyen-Orient, les Turques proposent *un islamisme modéré dans un cadre démocratique,* se basant sur les valeurs traditionnelles et opposé à certains aspects de la civilisation occidentale.

Parmi d'autres différences entre l'Iran et la Turquie, est l'aspect ethnolinguistique, où les Turcs descendant de tribus de conquérants nomades d'Asie centrale, tandis que les Iraniens sont issus de populations urbaines indo-européennes. De plus, les Turques sont majoritairement *sunnites,* alors que les Iraniens appartiennent à la minorité *chiite* du monde musulman.

De plus, la Turquie est officiellement une démocratie dans le sens occidental du terme, alors que l'Iran est gouverné par une théocratie autoritaire. Et enfin, en ce qui concerne leurs politiques étrangères, alors que la Turquie est membre de l'OTAN, l'Iran prône non-alignement et fustige l'Occident.

Dans le même registre, n'oublions pas le fait que la Turquie entretient des relations politiques, économiques et militaire avec Israël l'ennemi juré de l'Iran. Alors comment expliquer une certaine convergence stratégique entre les deux rivaux ?

En fait, tout en ayant deux système politiques différents, la nouvelle politique étrangère turque a des points communs avec la vision géostratégique de l'Iran. Parmi ces points de convergence l'on trouve le désir de développer les capacités du monde non occidental afin de favoriser l'émergence d'un monde multipolaire. En ce sens, l'Iran et la Turquie travaillent tous les deux à réduire l'influence politique, économique et culturelle de l'Occident au Moyen-Orient.

Cette convergence des conceptions stratégiques iraniennes et turques s'inscrit dans leur vision de la mondialisation qui a conduit à l'émergence de nouvelles puissances régionale et de la perte d'influence progressive de l'Occident à l'échelle mondiale.

La politique étrangère turque néo-ottomane de la Turquie en s'appuyant sur régionalisme, tente de réactiver les anciennes connections ottomanes et surtout rétablir la puissance géopolitique de la Turquie ce qui lui permettrait d'accéder à un rôle d'envergure mondiale. De même chose pour l'Iran qui aspire d'assumer un rôle mondial. En conséquent, il faut s'attendre à une certaine rivalité non-antagonistes entre les deux pays.

Il s'agit donc d'une relation ambiguë voire ambivalente dans la mesure où toute en étant rivaux stratégiques, ils veulent réduire les interférences politiques de puissances extérieures au Moyen-Orient et de contenir parallèlement l'influence russe, américaine et chinoise en Asie centrale.

La Turquie et l'Iran aspirent au leadership du monde musulman et chacun essaie de se venter pour servir cette ambition. L'Iran met en avant une idéologie islamique révolutionnaire et son indépendance politique voire son non-alignement, alors que la Turquie se vante de sa réussite économique et industrielle, de son processus de démocratisation et de sa position géostratégique unique au carrefour de l'Asie et de l'Europe.

Il semblerait que les Turques ont eu plus de succès et en conséquent la rapidité avec laquelle le prestige de la Turquie semble s'étendre au-delà du Moyen-Orient et de l'Asie centrale, inquiète le régime iranien. Pour ces derniers le succès turc n'est pas mérité et qu'il a été gagné aux dépens de l'Iran.

Quelques soi la vérité, une chose est sure, à savoir que la quête d'influence dans le monde arabe et en Asie centrale sera au cœur de la dynamique stratégique entre l'Iran et la Turquie pour les décennies à venir. Cela dit, quel que soit le gagnant de cette quête d'influence, , l'Iran et la Turquie s'attacheront de toute façon à renforcer leur coopération économique, menant à une intensification de leurs rapports dans les décennies à venir.

La diplomatie iranienne en L'Asie centrale

L'effondrement de l'ancienne Union soviétique a ouvert de nouvelles opportunités à l'Iran pour chercher l'influence au-delà de la région de Golfe. L'apparition des états indépendants en Asie central a créé un certain nombre d'opportunités politiques étrangères et des menaces de sécurité pour des décideurs iraniens. L'on peut attribuer trois motifs principaux d'intensité variante à la politique iranienne envers l'Asie centrale.

Le *primaire est un souci de sécurité* et stabilité dans la région, comme les conflits ethniques dans la région particulièrement le conflit entre les Azéris et les Arméniens pourrait menacer l'intégrité territoriale de l'Iran, compte tenu la grande communauté Azéri de l'Iran.

Le *deuxième motif est économique*; l'Iran voudrait renforcer ses liaisons économiques dans l'exploration et l'exportation du pétrole et avec les états de l'Asie centrales.

Le *troisième motif est messianique*, se manifestant dans l'auto-perception des éléments intégristes du régime Iranien, qui se considèrent comme les gardiens de l'héritage Islamique.

Les *enjeux politiques* de l'Iran en Asie centrale peuvent être divisé en deux : *un souci de sécurité et stabilité et la compétition régionale avec la Turquie et l'Arabie Saoudite.*

En ce qui concerne le premier, il est évident, que l'Iran, afin d'atteindre ses objectifs au long terme, aura besoin de la paix et stabilité dans la région. Ce souci de sécurité et bien justifié, puisqu'il s'agit d'une des plus fragile région du monde avec beaucoup de conflits locaux.

Quant à *la compétition avec la Turquie et l'Arabie Saoudite,* l'Iran semble avoir perdu du terrain, puisque le modèle politique de l'Islam (république islamique) ne plaire pas à ces pays dont dirigeants *(pour la plupart les ex-communistes),* se méfient de l'Islam révolutionnaire et se sont tournés vers la Turquie et l'Occident pour des modèles politiques alternatifs.

En ce qui concerne les *enjeux économiques,* il est à noter que le plus grand problème des pays de l'Asie Central est le manque d'accès directe aux marchés mondiaux et cette handicape donne l'Iran une chance unique pour profiter de sa position géographique et s'assurer une source de revenu en agissante comme le pays de transit pour cette région. De plus les marchés sous-développés de ces pays permettront à l'Iran d'établir les liens commerciaux avec ces derniers.

Pour atteindre ces ambitions, l'Iran pendant les années 1990 a poursuivi une approche à trois dents envers les pays de l'Asie central :

Premièrement, il a essayé de lier ces pays avec l'Iran par un réseau de chemin de fer et route.

Deuxièmement en exploitant sa position géographique sur la Mer Caspienne, il a participé activement à la formation du soi-disant *le Groupement de Mer Caspienne,* qui comprend *la Russie, le Kazakhstan, l'Azerbaïdjan, le Turkménistan et l'Iran.* Ce groupement envisages la création d'un cartel pour exporter le caviar et des projets environnementaux visé à réduire la pollution en mer Caspienne.

Troisièmement l'Iran aspire à être impliqué dans l'exploration et le transport du pétrole et le gaz dans la région Caspienne et en Asie centrale.

Malheureusement, en raison des rapports tendus dans ses relations avec les EU, l'Iran a perdu des occasions précieuses pour devenir le port principal pour l'exportation des hydrocarbures de cette région. Malgré le fait évident, que l'Iran en raison de son accès au Golfe persique et l'océan Indien est l'itinéraire optimal pour transférer le pétrole de ses voisins asiatique aux marchés mondiaux, l'Amérique a favorisé la Turquie.

La question de la division des ressources de la mer Caspienne entre les cinq pays qui l'entourent a ainsi été une source de tension entre l'Iran et les autres quatre pays. La répugnance de ces derniers à accorder 20 % de la mer comme exigée par l'Iran et leurs propres accords bilatéraux avait quasiment isolé l'Iran sur ce sujet. Avant l'effondrement de l'Union soviétique, l'Iran et la Russie jouissaient 50% de la mer Caspienne. L'apparition de trois nouveaux pays autour de la mer Caspienne changeait la situation radicalement.

Après quelques accords bilatéraux entre la Russie et les trois autres États riverains, l'Iran a insisté sur un accord unique et multilatéral entre les cinq nations (visant une part d'un cinquième). Finalement, en mai 2018, lors du sommet de la Caspienne qui s'est tenu à Astana, les cinq États riverains ont trouvé un consensus sur de multiples accords dans les domaines du transport, du commerce et de la coopération économique, de la lutte contre le terrorisme et le crime organisé, etc. La convention accorde à chaque pays voisin la juridiction sur 24 km d'eaux territoriales, plus 16 km supplémentaires de droits de pêche exclusifs en surface, le reste étant des eaux internationales. Les fonds marins, quant à eux, restent indéfinis et font l'objet d'accords bilatéraux entre les pays.

Quant aux *enjeux idéologiques,* l'Iran a essayé par des émissions télévisé et radiophoniques d'influencer ces régions culturellement, ce qui a rencontré beaucoup de soupçon par les dirigeants de ces pays. Ces derniers qui pour la plupart sont les anciens communistes, se sont tournés vers la Turquie et l'Occident pour des modèles culturels alternatifs et sont fortement soupçonneux à l'Islam révolutionnaire.

De son côté, *l'Arabie Saoudite* a été très active dans la promotion de la branche *wahhabite* de l'Islam dans cette région. Donc la revendication que l'Iran est le partisan principal de fondamentalisme Islamique dans la région n'est pas justifiée, comme la plupart des Musulmans dans l'Asie central sont des Sunnites, ce qui évidements limite l'influence iranienne sur les forces religieuses de cette région. Cela dit, l'Iran entretient les liens culturels substantiels avec les républiques de l'Asie central.

Les relations avec les pays du Caucase

Jusqu'aux guerres irano-russe pendant le 19e siècle, une grande partie du Caucase (et l'Asie centrale) fut partie du *Royaume Perse*. Malgré le défaite iranien et l'annexion de cette région par la Russie, les lien culturelles et sociaux entre cette région et les Perses ont été préservé. C'est surtout le cas pour la république d'Azerbaïdjan. Les Azéris appartiennent à la secte chiite de l'Islam, la religion d'état en Iran. Malgré leur langue turque, les Azéris sont historiquement plus proches des Iraniens qu'aux Turcs. La langue et la culture Azéris ont été énormément influencé par le persan et la grande communauté Azéris en Iran.

Avant la sécession de l'Azerbaïdjan de l'ancienne Union soviétique le 18 octobre 1991, les Azéris en Iran tenaient des liaisons proches avec les habitants d'Azerbaïdjan iranien. Après l'indépendance d'Azerbaïdjan soviétique, cependant, l'Iran est devenu inquiété que les liaisons entre sa propre population Azéris et la nouvelle république pourraient dans la durée réveiller les sentiments séparatistes parmi les Azéris de l'Iran. La première mesure préventive fut de l'imiter les mariages internationaux entre les Iraniens et l'Azéris de l'autre côté des frontières. L'étape suivante fut la ré-division administrative de la province de l'Azerbaïdjan et le changement de nom de la section qui partage ses frontières avec la république d'Azerbaïdjan en *Ardabil*.

Un autre sujet important dans ce contexte est *le conflit de Nagorno-Karabakh,* impliquant l'Azerbaïdjan et l'Arménie. Il s'agit du plus dur défi de diplomatie iranienne au Caucase, principalement à cause du dilemme qu'il a imposé à l'Iran. D'une part, l'Iran est conscient du fait qu'un Azerbaïdjan fort pourrait remuer le sentiment séparatiste parmi sa population Azéri au nord et d'autre part l'aide à un pays non-musulman *(l'Arménie)* contre l'Azerbaïdjan Islamique ne serait pas acceptable non plus. Compte tenu la présence d'une communauté arménienne en Iran, le gouvernement iranien a essayé de trouver le juste équilibre entre ses intérêts contradictoires. Via la médiations et l'appui aux deux pays, le régime iranien a essayé de maintenir l'équilibre de force entre les deux et s'assurer qu'aucun des deux pays ne gagner trop.

En ce qui concerne les intérêts communs entre l'Iran et l'Arménie, il nous suffit de jeter un coup d'œil sur la carte de la région. L'Arménie est coincé entre ses deux adversaires l'Azerbaïdjan et la Turquie et donc pour accéder au monde extérieur *(Géorgie et la Russie mis à part)* elle a besoin de l'Iran. L'Iran pourra aussi être une source d'apprivoisement d'énergie pour l'Arménie qui au contraire de son adversaire l'Azerbaïdjan, n'a pas de pétrole.

Les deux pays (l'Iran & l'Arménie) veulent ainsi contenir des ambitions turques en Asie centrale, ce qui expliqua leur opposition commune au plan de la paix américain de 1992 (le plan de Paul Goble), qui suggérait un échange territorial entre l'Arménie et l'Azerbaïdjan, selon lequel la partie la plus sud de l'Arménie autour de *Zangegur* et le couloir le liant en Arménie serait échangé pour *Karabagh* au nord. Cela aurait abouti à la connexion de l'enclave de *Nakhjevan (entité turque au sud-ouest de l'Arménie)* avec l'Azerbaïdjan.

Un tel échange territorial aurait en effet privé l'Arménie de sa seule liaison géographique avec l'Iran, et avec cela la possibilité d'utiliser l'Iran comme un contrepoids à la Turquie. Il aurait ainsi augmenté la dépendance de l'Arménie de la Turquie et l'Azerbaïdjan, ce qui est stratégiquement inacceptable pour les Arméniens.

En ce qui concerne la Turquie et ses ambitions *panturque* en Asie Central, un tel changement de la carte géographique lui conviendrait bien, puisqu'il lui donnerait l'accès directe à l'Azerbaïdjan et au reste de l'Asie centrale.

En bref, malgré une pression domestique forte pour une politique pro-Azéri et l'aide aux «*confrères musulmanes*» *(les Azéris)*, l'Iran a adopté le rôle de médiateur entre l'Azerbaïdjan et l'Arménie. Le régime iranien est entièrement conscient de la menace *pan-Azéri* à son intégrité territoriale et donc essai d'empêcher l'Azerbaïdjan d'obtenir la main supérieure dans le conflit avec l'Arménie.

Ce choix stratégique du régime iranien montre le pragmatisme et le nouveau sens du réalisme qui caractérise la nouvelle politique étrangère iranienne, où les intérêts stratégiques et les soucis de souveraineté politiques pèsent davantage dans ses choix politiques et dépassé les buts idéologiques des éléments conservateurs du leadership iranien.

Les relations irano-pakistanaises

Pakistan est un pays relativement jeune avec de nombreux problèmes socioéconomique, politiques et sécuritaire. Depuis sa conception, le Pakistan n'a jamais été une véritable démocratie et le militaire pakistanais ont toujours joué le rôle principal sur la scène politique.

Sur le plan intérieur après de nombreux élections et rivalité entre *PPP (Pakistan Peoples Party)* et *Muslim League,* sous les accusations d'un attentat présumé contre général *Paviz Mosharaf* le chef d'armée pakistanaise à l'époque, l'armée prit le pouvoir et générale Mosharaf occupa la présidence de 2001 à 2008, date à laquelle il a présenta sa démission pour éviter la destitution. Depuis le pays a changé quatre présidents sans autant d'avoir résolu ses problèmes socio-économiques.

Sur le plan géopolitique, pendant la guerre froide le Pakistan a resté dans le camp de l'Occident et a reçu l'aide militaire des Etats-Unis. L'invasion soviétique de l'Afghanistan augmenté l'importance stratégique du Pakistan pour l'Occident et le pays jouait un rôle politique et logistique important dans la résistance afghane, qui parmi d'autres raisons conduisait à l'effondrement de l'Union soviétique.

Néanmoins, après le levé de la menace russe dans la région, les Américaines ont *lâché* le Pakistan et le pays pas seulement perdait son importance stratégique pour l'Occident mais aussi devenais une cible pour les sanctions économique pour sa poursuite d'un programme nucléaire. Ces événements se traduisaient en deux développements importants:

1. accélération de son programme nucléaire qui lui a rendu une puissance nucléaire à la fin des années 1990s
2. l'installation du régime des Taliban en Afghanistan

La seule explication pour l'installation d'un tel régime brutale et réactionnaire en Afghanistan par le Pakistan doit être cherchée dans son *besoin d'une profondeur stratégique* face à l'Inde. Autrement dit, après avoir sécurise ses frontières occidentales, le Pakistan pourrait se concentrer sur ses frontières orientales et celles du Nord.

Les événements du 11 septembre et l'émergence *d'Al-Qaïda* changeait la situation géopolitique de la région et attiré l'attention américaine. La sagesse de général Mosharaf en restant dans le camp de la coalition anti-terroriste et son soutien logistique et de renseignement aux Etats-Unis faisait le Pakistan à nouveau une alliée importante de l'Amérique dans la bataille contre le terrorisme d'Al-Qaïda. Cependant, cette ambiguïté des relations pakistano-américaines va sans doute continuer, puisque pour endiguer la Chine, l'Amérique compte sur l'Inde, l'ennemi juré du Pakistan.

Aujourd'hui (2022) avec une population de près de 242 millions d'habitants le Pakistan est la deuxième plus grande population musulmane au monde. Les facteurs comme: son caractère non-démocratique, ses difficultés socioéconomiques, sa rivalité avec l'Inde, sa capacité nucléaire, ses moyens limités et la présence des éléments intégristes dans son armée et ses services secrets, font que, le Pakistan restera probablement une source d'instabilité et de crises dans la région.

Compte tenu son 978 km de frontières avec le Pakistan et la présence importante de la minorité baloutchi aux deux côtés de cette langue frontières, les implications de la situation préoccupante du Pakistan pour l'Iran sont nombreuses.
Ces facteurs déstabilisants pourraient au moyen et au long terme mettre en cause la sécurité des frontières orientales de l'Iran, ce qui jusqu'à aujourd'hui *(le trafic de drogue mise à part)* étaient relativement sécurisés.

En bref pour un Iran laïque et démocratique la situation actuelle du Pakistan pose un danger potentiel, puisque la pauvreté, les armes de destruction massives et la corruption au sein de l'état font un cocktail dangereux. Il est donc impératif pour l'Iran de faire en sort que le Pakistan ne tombe pas dans chaos et la guerre, ce qui entraînerait les conséquences catastrophiques pour l'Iran aussi que les autres pays voisins du Pakistan.

Une coopération économique régionale, une solution pacifique de la crise au Kashmir sont parmi des mesures qui peuvent contribuer à la paix et stabilité dans la région.

Les relations irano-afghanes

En tant qu'un des pays les plus pauvres du monde, où 80% de la population vivent avec moins d'un dollar par jour, l'Afghanistan figurant en 169ème place (sur 189) en termes d'indicateurs de développement humain.

Après plusieurs décennies de conflits, une économie dévastée, les infrastructures très dégradées, le chômage généralisés, l'Afghanistan et le voisin le plus pauvre de l'Iran et en même temps un des producteurs les plus important d'héroïne et de l'opium du monde.

Ce qui se passe en Afghanistan va sûrement toucher l'Iran, puisque les deux pays partagent 945 km de frontières. La suppression du régime de Taliban en 2001 constitua un soulagement pour l'Iran qui à l'époque fut le refuge pour 2 moi. réfugiées afghans pendant des années.

Le régime iranien reste partagé face désengagement américain et le retour des Talibans au pouvoir. Alors que le départ des Américains faisait partie des objectives du régime iranien, le retour des Talibans n'a pas enthousiasmé Téhéran. Il est à noter que pendant longtemps le Guide suprême de l'Iran *(Ali Khamenei)* fut très critique à leur égard (les Talibans), mais ces dernières années, il a modéré son discours, incluant les Talibans dans l'axe de la résistance avec la Syrie, l'Irak et le Yémen, leur fournissant armes et entraînement.

Cela dit, malgré le fait que l'Iran a été en contact permanent avec les talibans depuis leur prise de pouvoir en août 2021, l'Iran n'a pas encore reconnu officiellement le régime des talibans et a appelé à un gouvernement inclusif. Autrement dit, un gouvernement entièrement dominé par les Talibans n'est pas le premier choix des Iraniens, mais ils n'ont plus d'autre choix que s'accommoder des talibans pour éviter une nouvelle guerre en Afghanistan.

Les perspectives du développement d'Afghanistan au court terme ne sont pas prometteuses, puisqu'il s'agit d'un pays avec un diversité ethnique hallucinant, où la notion d'appartenance ethnique est toujours plus importante que celle de la frontière. De plus, l'espoir d'un état fort et démocratique en Afghanistan, s'est évaporé avec le retour des Talibans. pourra se reproduire facilement.

L'Iran a tout l'intérêt à garantir la stabilité en Afghanistan, et au lieu de se limiter à la défense des intérêts des chiites, il doit miser sur la consolidation d'un état fort à Kabul, ce qui au long terme va garantir la paix et la stabilité dans la région.

Compte tenu les liens culturelles et historiques entre les deux pays, il n'y a aucun conflit d'intérêts entre l'Iran et l'Afghanistan et la paix et la sécurité en Afghanistan vont profiter tous les deux.

Au longe terme un Afghanistan prospéré pourra offrir un marché pour les produits iraniens et c'est pour cela que l'Iran doit s'engager et contribuer à la reconstruction du pays.

Conclusion

L'Iran face à une mondialisation accrue et de nouveaux rapports de forces internationaux n'a aucun choix que s'y adapter et si possible en profiter. Cependant, une telle adaptation exige que l'on et bien équipé pour affronter les défis de l'ouverture et de l'intégration dans l'économie mondiale.

La situation actuelle du pays n'est pas prometteuse et malgré ses ressources naturelles et humaines et sa position stratégique dans le monde, l'Iran est toujours un pays en voie de développement avec une faible économie et confronté aux problèmes politiques, sociaux et diplomatiques. Pour profiter de ses avantages comparatifs, l'Iran a besoin de la paix et la stabilité tant interne qu'externe et de bonnes relations avec la société mondiale en général et l'Occident en particulier.

Sur *le plan socio-politique* il est impératif de mettre une fin aux divergences idéologiques internes entre les traditionalistes et les modernistes et de reconnaître la nécessité *d'une réconciliation nationale*.

Compte tenu sa diversité ethnique et religieuse, *la laïcité et la démocratie* constituent les seules garantes de stabilité politique et social du pays. Ce choix se justifie par le fait que les autres modèles sociaux ont échoué et le libéralisme malgré ses défauts constitue la seule alternative valable. En misant sur un *système fédéral et démocratique*, l'on peut espérer, une fois pour tout, de mettre fin à l'impasse politique où le pays s'est trouvé pendant des décennies.

Sur *le plan socio-économique*, ainsi le manque d'une stratégie claire et raisonnable du développement économique et les conceptions divergents entre les partisans de l'économie libérale et ceux de l'économie dirigée ont conduit à l'immobilisme.

En reconnaissant les avancés importants de l'économie de marché et compte tenu les échecs du système économique dirigée du pays pendant les dernières trois décennies, il est le temps d'aller vers une libéralisation de l'économie iranienne, tout en l'adaptant aux particularités de l'économie iranienne. Une telle libéralisation doit forcément passer par la démonopolisation, la privatisation et l'encouragement des investissement privé et étrangers.

Sur *le plan géopolitique*, entouré par des pays pauvres et non-démocratiques, dont certains disposent même une capacité nucléaire, l'Iran a besoin d'assurances de sécurité. Compte tenu le consensus quasi-mondial sur non-prolifération nucléaire, la poursuite d'un programme nucléaire de la part de l'Iran sera difficile et couteaux tant économiquement que politiquement et va augmenter la tension dans ses relations avec ses voisins et l'Occident en particulier. Les intérêts stratégiques de l'Iran au long terme et ses besoins sécuritaires l'exige de réviser sa politique étrangère, et de miser sur une approche plus réaliste surtout vis-à-vis des Etats-Unis. En adaptant une telle approche, les priorités de la diplomatie iranienne seraient :

- Paix et stabilité
- Lutte contre l'extrémisme religieux, politique et racial
- Respect des frontières artificielles actuelles
- Renfort de ses relations avec ses alliés naturels
- Coopération avec des pays voisins dans tous les domaines, comme par exemple : Marchés régionaux et coopérations économiques
- Contribution à démocratisation du Moyen-Orient
- Non-utilisation du pétrole comme arme, puisque le flux sûr d'énergie à l'Occident réduira au minimum l'intervention militaire et la tension dans la région

- Non-prolifération des armes de destruction massive dans la région

Espérons que le phénix perse renaîtra de ses cendres et restaurera la grandeur de l'Iran.

129

Table